JN250933

吉原で生きる

吉岡優一郎

LIVING IN YOSHIWARA
YUICHIRO YOSHIOKA

彩図社

はじめに

風俗という業界に長年関わっているせいか、『吉原』という単語を聞くといろんな感情が湧き起こってくる。江戸時代から続く遊郭の歴史に裏打ちされた伝統と格式への畏怖、日本最大のソープランド街であり日本の風俗文化の中心地への憧れとトキメキ。今日も多くのソープ嬢が出勤し、この街を訪れる男たちの欲望を受け入れている。

しかし、そのイメージとは裏腹に、吉原という街の実像はあまり一般には知られていない。最近、吉原デビューした新人ソープ嬢に話を聞く機会があったが、彼女は東京在住であるにも関わらず、吉原という街が一体どこにあるのか、面接のために訪れるまでまったく知らなかったそうだ。かくいうボクも同じで、初めて遊びに行く時は『だいたいあのあたりかな?』と適当に見当をつけたため、JR浅草橋駅からタクシーに乗ってしまった。かなりの時間と料金がかかったことを記憶している。

吉原は歓楽街として日本を代表する土地であるが、実は地名としての〝吉原〟は現存せず、「台東区千束《せんぞく》4丁目」が公式の地名だ。近隣には鉄道の駅がなく、都会にありながら陸の孤島の感すらある。最寄り駅は鶯谷駅、三ノ輪駅、入谷駅、浅草駅などだが、いずれも吉原から1・5キロ以上も離れている。そのため、多くのソープ嬢はタクシーで、客はソープランドが提供する送迎車でこの街にやってくる。東京都民で吉原の正確な場所を知らない人が多いのも、そんな事情があるのかもしれない。

吉原は一体どのあたりにあるのか？　浅草国際通り（東京都道462号線）から実際に徒歩で吉原方面へ向かってみることにした。

つくばエクスプレスの浅草駅から台東千束郵便局の交差点まで北上し右を向くと、さほど広くもないのに中央に緑地帯が設置された不思議な道路がある。その道路に入り住宅街を10分ほど歩くと、左手にコンビニが見えてくる。そのコンビニを通り過ぎると、突然、街の雰囲気が一変する。『サンタモニカ』、『クラブレジーナ』、そして『秘書室』。数々の妖しき看板が連なるこのあたりから左の一帯が、有名な歓楽街の〝吉原〟である。

吉原は350年以上もこの地にある。昭和33年の売春防止法施行に伴って旧遊郭が廃止され、街の主役が遊郭からソープランドに置き換わった後も伝統とともに残り続けてきた。

すすきの、堀之内、金津園、福原、中洲など、日本にはいくつものソープ街があるが、吉原はその点でも別格だ。今もなお、約140店舗ものソープランドが密集し、その数は他の歓楽街をはるかに凌駕する。この街には不思議なことにキャバクラ、ファッションヘルス、ピンクサロンなど、他の色街には当たり前のようにあるジャンルの店はなく、歓楽街的な要素はソープランドしかない。

そして歓楽街にはそこら中にある風俗案内所も存在しない。

その一方で、吉原には「節分おばけ」や「花魁道中《おいらんどうちゅう》」「俄《にわか》」「吉原神社のお祭り」など、一般市民が参加する行事がたくさんある。全国の歓楽街の中でも、これほど庶民の行事活動が盛んに行われているところはない。ソープランドの聖地・吉原はとにかく異質な歓楽街なのだ。

ボクは2002年から風俗店や風俗嬢の取材を続けているが、吉原はその格式もあってか、取材をするにはどことなく敷居の高さを感じていた。当時の吉原の盛況はすさまじいもので、客を運ぶタクシーで街のあちこちが渋滞するほどの賑わいで、高級店の人気嬢は当たり前のように月に数百万円の金を稼いでいた。取材で人気ソープ嬢や有名店のスタッフなどに接する機会もあったが、彼らからは他の地域にはない吉原独特のプライドや誇りを感じたものだ。

だが、最近はそれが変わってきた。

取材で会う吉原の女性たちから、かつてあったような特別なオーラを感じなくなったのだ。

それに呼応するかのように、吉原の街は年々活気を失っていった。高級店に代わって激安店が幅を利かせるようになり、働く女性からはプロ意識に欠けた発言を聞くことも多くなった。

吉原の街は、なにかよくない方向に変化しているように思えた。

そもそもソープランドというのは、法律的にとてもグレーな存在だ。

日本の風俗文化の中では王道ともされているが、個室の中で行われているのは法律では本来認められていないはずのサービス。それがアタリマエのこととして、公然と行われている不思議な世界でもある。

そんな特殊な性産業の集積地である〝吉原〟の実像はどんなものなのか。現場で働くソープ嬢やボーイたち男性スタッフは何を憂い、どんな希望を持っているのか？　この街に住む〝普通の住民〟たちは吉原のことをどう思っているのか？　そして、いま吉原に何が起きているのか？　ボクは吉原の実態に強く興味をひかれるようになっていた。

「この街の人たちのことをもっと知りたい！」

本書はそんなボクの欲求から生まれたものである。

ソープ嬢、店長、ボーイ、カメラマン、風俗情報サイト運営者などの業界関係者のほかに、〝喫茶店〟のママ、タクシー運転手、町内会の幹部など、吉原で生きる幅広い職種の人たちにこの街の魅力を語ってもらった。２０２０年の東京オリンピックに向け、規制が強化されるのではという不安が関係者の間で大きく渦巻いている。そんな中で彼らはいかに未来を見据えているのか？

本書を通じ、吉原という街で生きる人々の思いを知っていただければ幸いだ。

２０１７年8月某日　吉岡優一郎

吉原で生きる　目次

はじめに……2
【某高級店・元ナンバーワンソープ嬢】まい……9
【某大衆店の現役ソープ嬢】あおい……33
【吉原の人気定食屋の女将】Sママ……43
【コラム1】かつての吉原はかくも厳しい街だった……65
【吉原・格安店で働くソープ嬢】なつみ……69
【カリスマ風俗講習師】愛花……79
【コラム2】〝NS〟という名の闇……98

【吉原・ソープランド某大衆店】I店長……103
【吉原・某高級店のボーイ】Tさん……129
【吉原の〝喫茶店〟経営者】Hママ……139
【吉原専門】流しのタクシー運転手……159
【吉原の自治会幹部】不破利郎、瀧波修……171
【コラム3】歴史のある街・吉原……189
【伝説の風俗情報誌の発行人】樹水駿……201
【吉原同人誌編集長・風俗客】ユザメ……221
【フォトスタジオ「Me・CeLL」代表】酒井よし彦……231
おわりに……251

吉原MAP

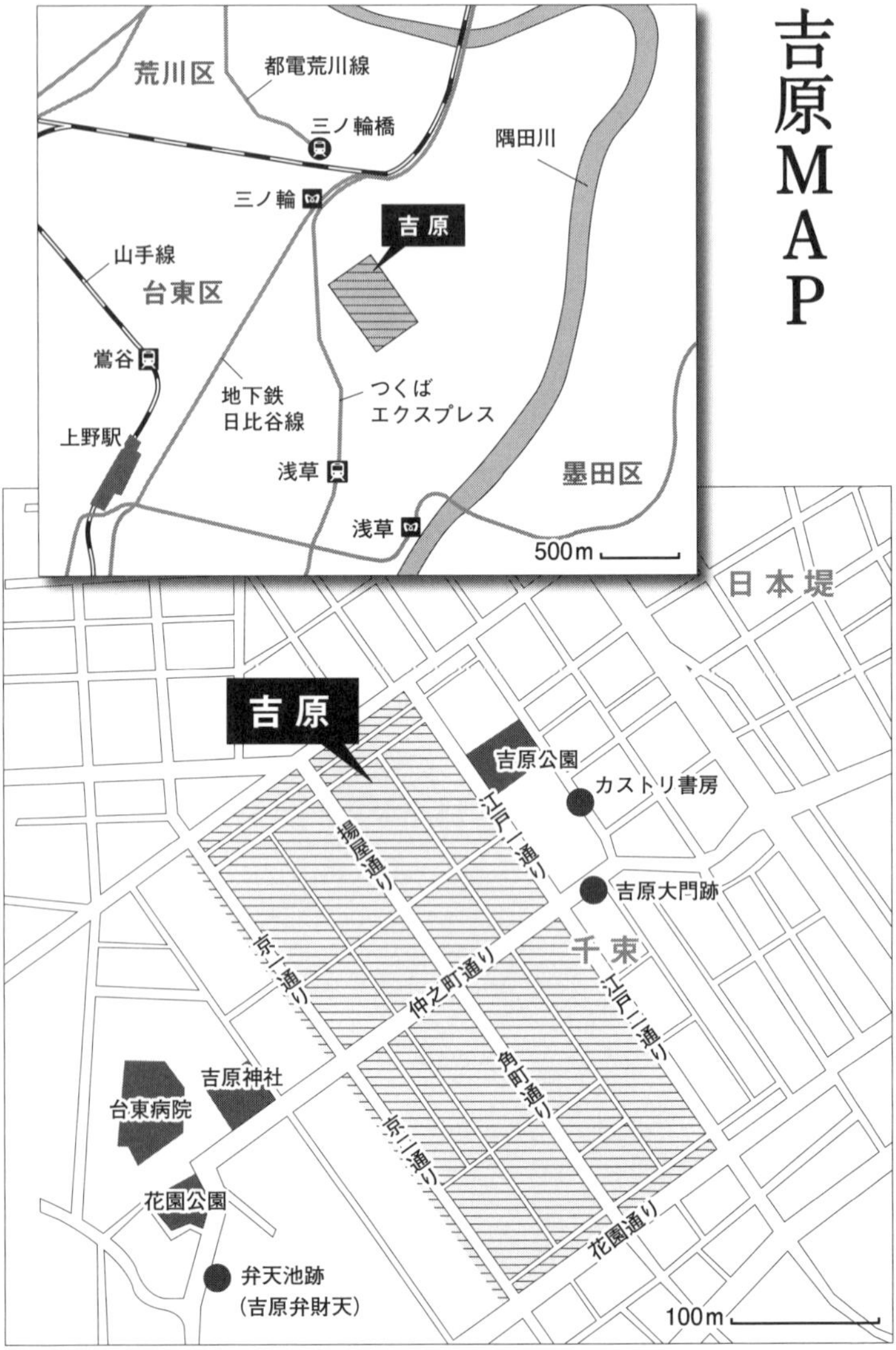

本文写真：酒井よし彦

【某高級店・元ナンバーワンソープ嬢】
まい

吉原大門（よしわらおおもん）から仲之町通りを望む。
この先に日本一のソープランド街がある。

ボクが風俗で働く女の子の取材を始めたのは、２００2年の夏ごろのことだった。

自分で立ち上げた風俗情報サイト『全国風俗リンクセンター』のコンテンツのひとつとして『フーゾクリンクラジオ』というインターネットラジオ番組を開設、その中で風俗嬢のインタビューを放送するようになったのだ。

この15年の間、北は札幌から南は沖縄まで、延べ３００名を超える女の子に話を聞きながら、全国を駆け巡ってきた。後にその模様を『風俗嬢のホンネ』『風俗嬢たちのリアル』『10人のワケありな風俗嬢たち』（いずれも小社刊）などの書籍にまとめたので、もしかしたらお目に留まった読者もいらっしゃるかもしれない。

風俗嬢への取材を始めた当初、感じたことがある。

それは吉原のソープ嬢が持つ特別な雰囲気だ。

風俗で働く女の子の多くは、どことなく自分が風俗で働いていることを卑下していることが多いような気がする。それに対して、吉原の女性たちからはむしろ「私は吉原のオンナよ」というプライドのようなものを感じた。いったいその差はどこからくるのか。ボクは彼女たちに話を聞く度に不思議な気持ちがした。

だが、そう感じたのも数年前までの話だ。最近では吉原の女の子に取材をする機会を得ても、「吉原のオンナの気概」を感じることは極めて少なくなった。

ボクはかつて吉原で働いていた女性を探し、当時の吉原の女性たちの多くが当たり前のように発していた特別なオーラの正体を聞き出したいと考えるようになっていた。

そんな中でボクは1人の女性と知り合った。

彼女は現在、結婚をして普通の主婦として社会生活を送っている。しかし、その実は10年前に風俗を引退するまで、吉原の某高級店でナンバーワンを張っていた人気ソープ嬢であった。

インタビューの場に現れた彼女は、いま風俗業界に復帰してもすぐさま売れっ子になるのではないかと思うほど美しかった。かつての吉原高級店ソープ嬢のレベルの高さが感じられる女性である。

彼女の名前は「まい」という。

10代で迎えた風俗デビュー

――そもそも最初に風俗を始められたのはいつごろですか？

「私は高校を中退して昼間働いていたのですが、お金が欲しかったから今で言う援助交際を始めたんです。ダイアルQ2っていうんでしたっけ？　駅の公衆電話を利用して待ち合わせをして、ホテルへって感じでやっていました。今考えると怖いですよね。当時は全然感じなかったけど、若さって怖いなと思います（笑）。経験がない分、自分が恐ろしい目に遭うかもしれないなんてことは考えないですからね。

そのうち、友だちがバイトしていた水商売でスポット的に働き始めて、17歳の頃に昼間働いていた職場近くの本サロ（本番ピンサロ）に入店したんです。場所は関東某県のあまりピンサロがないところで、地元の人しか知らないような〝ポッン〟としたちっちゃなお店でした」

――そこからどういう経緯で東京に？

「本サロのお客さんに『お前、こんな不潔なところでこんな思いをして小銭を稼いで……東京に行けよ。そうしたら清潔でお給料をもうちょっと多くもらえる店を紹介してやるから』って言われて、新宿の性感ヘルスを紹介してもらいました。

私は風俗の業種は全部経験しているんですよ。ピンサロも本サロも、ヘルスもホテトルも、そしてソープとAVも」

――ソープを始められたのはいつぐらいですか？

「18、9歳の時に一度すべてのお仕事を辞めて、まずキャバクラへ行って、そのあとにソープへ行きました」

――ソープに移った理由は？

「お金です。当時、風俗やキャバクラを色々とやっていて、女が体を売るということに対して中途半端さを感じていたんです。たとえば、水商売には〝枕営業〟ってありますよね。『私は絶対に〝枕営業をしない〟』なんて言っているキャバ嬢も、裏では絶対に〝枕〟をやっている。私はそんな風に中途半端にやるのが嫌だったし、どうせやるなら風俗の王様・吉原ソープに行きたいって思ったんじゃないかな。遠すぎて記憶が定かじゃないですけど（笑）」

――じゃあ吉原を選んだのも、そこがソープの王道だったからなんですね。実際に吉原という街に足を踏み入れて、どのような印象を持たれました？

「気持ち悪かったですね。なんか異常じゃないですか。道を一本曲がったら変ですよね。違和感がある。その違和感がとても気持ち悪かった。でも同時に現実じゃないみたいでゾクゾクしましたね」

持参したシーツを敷きつめる客

――吉原の中では何店舗か働かれたんですか？

「細かく言えば、3店舗。でも、そのうちの2店舗は姉妹店でした」

――吉原の客層と、それまで働かれたお店の客層には違いはありました？

「言葉にするのは難しいですね……。簡単に言ってしまうと軽いか、重いか。ノリもそうだけど吉原のほうがやっぱり重いですね」

――当時のお客さんで、なにか面白いエピソードはありますか。

「いっぱいありますよ。すごい潔癖症のお客さんがいたんですよ。中に荷物がいっぱい入ったリュックサックを背負っていて、ご案内のときに中からメロンパンを取り出してかじっているんです。お部屋に入るじゃないですか、脱いだ靴を私が揃えようとすると『しなくていい』って言うんですね。リュックの中に袋が入ってて、自分で靴をその中に入れるんですよ。それで部屋中に持ってきたバスタオルを敷きつめて、これからセックスするっていうのに手袋をはめるんです。汚いからって浴槽にも入らないし。あの人は面白かったですね……」

――それは酷いですね……。文句は言わなかったんですか?

「なにか言ったとは思いますよ。頭にきたけれど柔らかく……。『ちん○んがま○こ入るのは汚くないの?』とか(笑)。『私の唾液は菌まみれだし、たくさんの男の人のちんちんしゃぶってるし、めっちゃ汚いよ。平気なの?』って聞いたら、それは平気だって言うんですよ。だからホントに意味がわからなくて。プレイが終わると、敷き詰めたバスタオルを『捨ててくれ』って言うんですよ。さすがに『ここはゴミ箱じゃない‼』って怒って帰しました(笑)」

――なるほど(笑)。

「あとは赤ちゃんプレイとか……。まあ、ありきたりですけどね」

かつての吉原は豪快だった

――当時の吉原で景気のいい話はありました?

「五輪(車)とか七輪なんかもありましたね。私がいた店は総額6万円だったので、七輪だったら6万円×7人でお客さんの支払いが42万円。でも実際にプレイできるのって、せいぜい2人くらいじゃないですか」

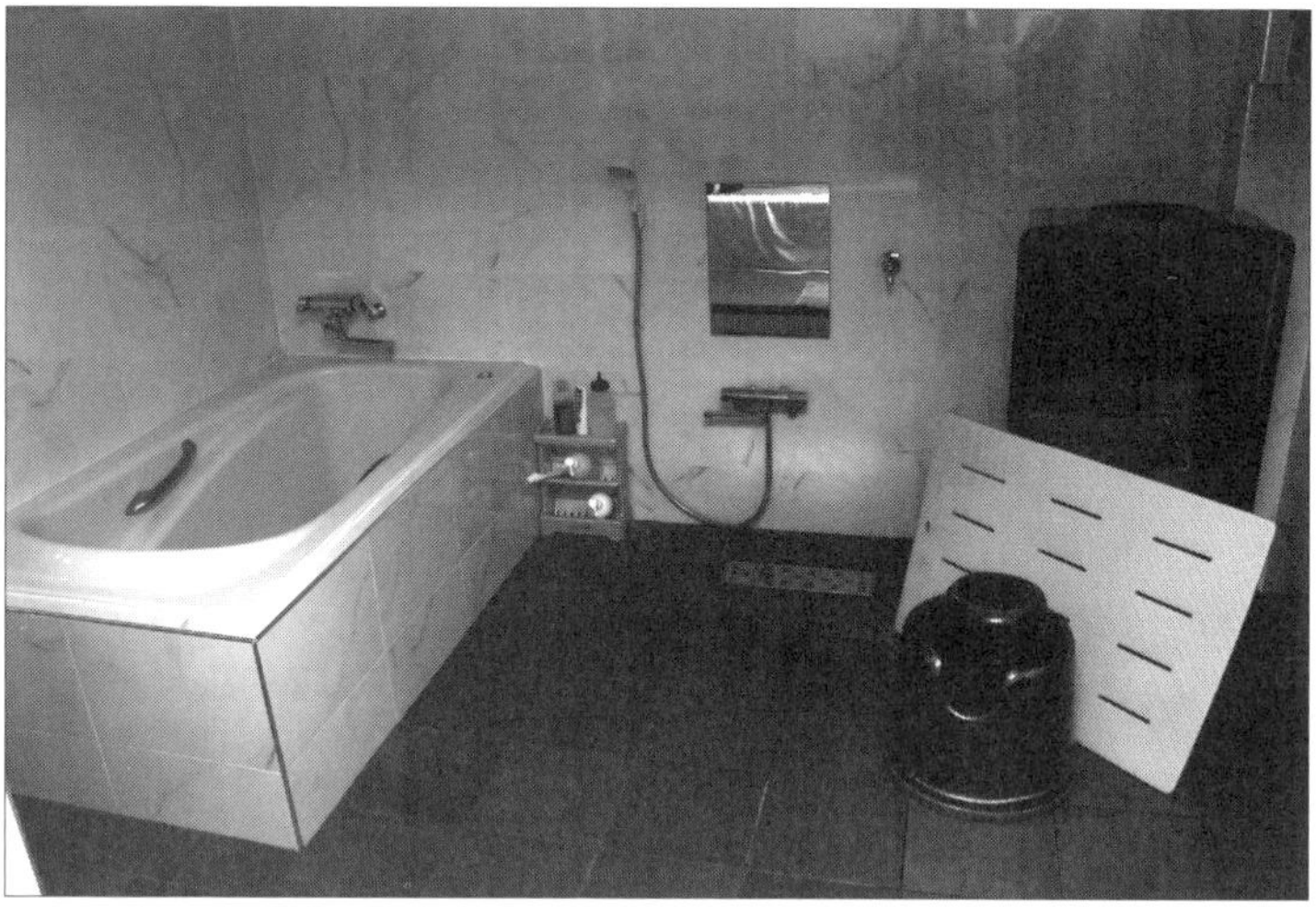
ソープランドの個室の例。個室内にはこのような風呂の他にベッドがある（撮影：著者）

客ひとりに女の子が2人付くプレイのことを、ソープランドの用語で二輪車という。つまり五輪車とは女の子が5人、七輪車とは女の子が7人が付くプレイとなる。二輪車は通常のプレイにはない技術が求められ、たとえばひとりが客の上半身を攻め、もうひとりが下半身を担当するなどのフォーメーションも存在するため、多くの店では決まったコンビでなければ遊べないようになっている。しかし五輪・七輪となるとフォーメーションなど関係なく、そのときに出勤している女の子を全員集めただけといったものだったのではないだろうか。

——居場所ないですよね。

「個室の中はぎゅうぎゅうですよ。順番でお風呂に入って、お風呂を出て座って、冷えた子からまたお風呂に入って……の繰り返し。マットなんか最悪ですね」

――お客さんの肌が露出する部分がないって感じにはならない？

「最初はそうなんですけど、だんだん面倒になってくる。ベッドも狭いしマットも狭い。そのうち何もしなくなります。でも、当時はそんなお客さんがいっぱいいましたね。バッグを開いたら札束がいっぱい入っていて、『くれるのかな？』と思ったら、帯を取ってしっかり数えて『ハイ』って代金分だけ渡された。いっぱいあるのになぁって思ったけど、もらえなかったですね（笑）」

――今と感覚が全然違いますね。

「私が入ったのが今から20年前ですけど、その頃でもそんなに景気がよかったとは思いません。ホントによかったのは、私たちより上の世代じゃないでしょうか。だってお姐さんたちの話を聞いていたら、フリーで3本付いてヒマだって言うんですもん。フリーが5本付くのが普通だったって。私の頃は指名で全部埋まって、指名がなきゃフリーを貰えるか、貰えないかっていう状態でした。もうお店に依存していれば稼げる時代ではなかったですね」

――じゃあ指名を取るためには、自分で何かをしなきゃならなかったと。具体的にはどんなことをされたのですか？

「私は恋愛派（恋人のような雰囲気で接客するスタイル）は無理でした。ベタベタするのは苦手だったし、キスもしなかったから、ベッドやマットなどの技術ですよね。でも、それだけだと結局飽きられてしまう。ソープは肌を重ねる場所だから、いま振り返ると最終的には気持ちが大切だったのかなと思いますね。私には特技があって、一度お会いしたお客さんが1年後にきてくれても、その方を覚えてられたんですよ。お名前や会話の内容も記憶していましたね。覚えているとお客さんも喜んでくれるじゃないですか。そういう面では努力はしましたね」

――覚えようとしていた……、ではなくて単に覚えていた？

「覚えられたんです。でも、いまは全然覚えられない（笑）。あの頃はホントにびっくりするぐらい記憶できたんですよね。それだけ真剣に取り組んでいたんだと思います。

でも、辞めて10年が経って過去を隠す生活が長くなると、記憶を失くそうとするのかな。どんどん抜けてくるんですよ。ホントに不思議です。普通に結婚して普通に主婦をしていると、たぶん脳が拒絶するのかもしれません。でも、ちょっとした素振りでそうした場所にいたことが見えちゃう気がして……、たとえば男性陣がシモネタで盛り上がっているとき、普通の女性ならちょっと控えめに笑うところを、私は大口を開けて『ギャハハ、そうだよね』って笑って受け入れてしまう。そういう部分が出ないように気をつけています。記憶は薄れていくんだけど、消えない過去と格闘しているんですかね」

月に〝5本〟を稼いだ全盛期

――吉原にいらっしゃったときは、月にどれくらい稼いでいたんですか？

「片手かな。５００（万円）くらいあったんじゃないかな」

――500万円⁉　それはすごい。15年間、風俗嬢の取材をしていますけど聞いたことがないですよ。100万円稼げばすごい、200万円稼げば拍手ですよ。そのお金はどういうことに使われてましたか？

「一番大きいのは交通費でした。自宅が山手線の西側にあったんですけど、そこから吉原までタクシーで通っていたので。片道1時間かかるんですよ。タクシー代は当時、行きで6000円弱、帰りは渋滞があったのでもう少しかかりましたね。

あの頃は『電車通勤なんて信じられない』って、お姐さんたちは言っていたんです。そんなにみっともないことをするんじゃないって。だから家から店までタクシーでくるのが当たり前。電車で通勤してる子を『稼げないから電車なんじゃん』ってバカにする風潮がありました。だから当時は歩かなかった。今はパンプスを履いて普通に生活をしているけど、30分も歩くと足が痛くて仕方がない。あの頃はホントに楽をしていたんだなって思いますね（笑）」

――でも、1日にタクシー代が2万円としても月40万円くらいじゃないですか。残りのお金は何に使っていたんですか？

「まあ、毎月500万円も稼いでいたわけじゃないですから（笑）。交通費以外は体のメンテナンスですね。病院もそうだし、エステや脱毛なんかもそう。あとはアリバイ会社の費用ですね。私は入っていてホントによかったと思う。月収27万円の設定で、手数料が月額10万円くらいだったかな」

アリバイ会社とは、その名の通り、一般企業で働いているというアリバイを〝偽装〟してくれる業者をいう。そうした業者に登録しておくと、所得証明書などの各種書類を発行してもらえ、クレジットカード会社からの在籍確認の電話なども受けてくれる。彼女の場合は、月給27万円をもらっているという設定で、逆に業者に10万円を支払っていたという意味である。

「あとは、バカだから入ってくる分だけ使っちゃうんですよ。バッグとか化粧品とか……、〝チリツモ〟（塵も積もれば山となる）なんですけど、『アイシャドーはこれがキレイ』ってタッチアップしないで買ってきて、使ってみたら思っていたのと違ったからポイっと捨てる。今ならもったいないから使いますけど、昔は気に入らないとそんな感じ。だって手元にお金があるんですもん。

それと大門があった頃の吉原の名残で、お洋服屋さん（昔なら着物屋さん）、宝石屋さん（昔ならかんざし屋さん）なんかが、お店に行商にくるんですよ。『これどうですか?』ってお店で着るドレスとか毛皮のコートとかを持ってきて。仕事が終わって個室にひとりでいると寂しいじゃないですか。そんな時に控室に降りるとおばちゃんたちが待っててくれて『これどう? これどう?』ってチヤホヤしてくれる。それで随分買いましたね。今日のお給料で10万円貰ったとして、『これいくら?』って毛皮のコートを指せば、『30万円』って。今日10万円払って『あと2回、10万円ずつ払うね』って言えばコートをくれるわけですから」

――女の子の羽振りがいいその頃って、道の人通りも多かったんでしょうね。

「タクシーで通りが渋滞していましたね。ボーイさんたちが女の子の写真を持って、タクシーのガラス窓を『ドンドンドンドン』って叩いて車を止めるから、どんどん渋滞していった。運転手さんも嫌になって『お客さん、降りて下さい』って（笑）」

吉原のオンナは気っ風が命

――その頃は稼げなかった人はいたのでしょうか？

「どうでしょうか。私がいた店での話に限定すると1日1本付いたとして週5日出勤で25万円。それを×3として月に75万円。最低でもこれぐらいは稼げたので、月に100万円いかない人は少なかったと思います。

月に指名が50本くらいついている頃、お姐さんに言われたのが『アンタの収入だったら月に100万円貯金できなきゃおかしいよ』って。できませんでしたけどね（笑）。あんなにお金がいっぱいあったのに、なんで今はないんだろう。

当時は何でも欲しいんだもんって買っちゃっていたし、買わないとがんばれなかった。お金ってあると安心しちゃってダメなんです。失くならないと、焦らないから働く気が起きない。仕事を続けるのは大変でした。大事な指名のお客さんの予約がいっぱい入っていたから、お店に行かなきゃいけない。だけど、お金があるから行きたくない。ち◯ち◯も咥えたくないし、もう臭いし嫌だ……っていう葛藤で、どんどん心が病んでいって。そうなると満足な仕事もできなくなるし、余計に自己嫌悪に陥ってしまって……」

――それはどうやって克服されました？

「やっぱり休むことですね。風俗の仕事をしていると、〝休む勇気〟をホント持てないんですよ。このお客さんは、その日に接客しないと他の子に流れてしまうかもしれない。そうすると自分の指名の本数が減りますよね。だからどんなに辛くても出勤しないとって思ってしまう。でも、無理に続けても自分が潰れるだけだから、勇気を持って1～2週間休んでリセットしていました。でもねぇ、休むとランクが下がるという恐怖心はありましたよ」

売り上げ上位のランカー（風俗用語で〝ナンバー〟という）になるということは、ソープ嬢にとってその店におけるヒエラルキーの上位に立つことを意味している。ランキングの上下による扱いの差は様々なところに現れ、たとえばランキング上位者には専用の個室が与えられるが、ランキング下位者だと上位ランカーのお姐さんの個室を借りて接客しなければならない。ナンバーワンともなれば女王にも等しい称号であり、そのお店に在籍する全女性の規範となることが求められる。

――たしかに休むと、その分、仕事ができず売り上げは落ちますからね。でも、最近の女の子たちはそれほどまでにランカーのプライドを持ってないような気がします。

「それはまずいですよね。吉原のオンナは格好がよくないといけない。気っ風がよくないといけない。普通の女の子ではダメなんです。私が現役のときは、車を持っている女の子は店の玄関先まで乗りつけて、ボーイさんにキーをポイッ！　ですからね。車を持っている子はみんなそうだった。『ちょ～っとはお金使わなきゃいけないなって思って～、車を買うことにしたのぉ～』って、ベンツのSクラスを買ったお姐さんもいましたね。若い新人さんたちをホストクラブに連れて行って、シャンパンをポンポン開けて、全部お姐さんがお会計。上の子が若い子たちの面倒を見ていたのかなぁ」

待機部屋にあった厳格なしきたり

――待機部屋にきまりとかはありましたか？

「畳の縁を踏んじゃいけないとか。ナンバーワンの女の子が食事をするまで、他の女の子はご飯を食べちゃいけないとか」

――えっ⁉　そんな決まりごとまであったんですか？

「ありましたね。でも、ナンバーワンだからお客さんが付きっぱなしで、他の子がご飯を食べられないじゃないですか。それで時間を調整して馴染みのお客さんにダブルを取ってもらったりして、その間にお弁当を取って一緒に食べるとか、外出してお食事に行くとかしてましたね」

ランカーの女の子からよく聞く話だが、上位の女の子の多くは〝きて欲しいときに呼べる太客〟を複数抱えている。ちなみにダブルとは2枠連続のことで、一枠120分であれば240分のこと。つまり、ランク上位のソープ嬢になると『今日の19時から2枠空いちゃったからきてちょうだい』と声をかければ、来店してくれる客がいるということなのである。最近では少なくなったというが、客に声をかけて空き枠を埋めてもらったというのは、いまでも時折、ランカーの女の子から聞く話である。

――昼食はお弁当か、お客さんとの外食が主だったのですか？

「出前も取りました。でも、コンビニのおにぎりをカサカサやってる子を見て、『なんでこの子、こんなに貧乏くさいことやってるの⁉』って。『夢を売る場所でそんな貧乏くさいことをしないでくれる⁉』って思いましたね」

――吉原にも今はコンビニ増えましたよね。昔はポプラ1軒だけだったのに。

「私は毎日、仕出し屋の１５００円のお弁当を食べていました。初めはかなり大きなお弁当だったけど、どんどん小さくなっちゃった。お弁当屋さんも不景気だったんでしょうね」

――出前のお弁当屋さんもだいぶ潰れたと聞きました。

「〝G〟とかもうないですよね。〝O〟はある？　え、あるの？　じゃあ、今度食べに行かなきゃ……ふふふ」

バブルの繁栄を迎えた当時の吉原にも黒歴史はある。たとえば「振り替え」がそうだ。

「振り替え」とは、店が「女の子が直前に体調を崩した」などとウソを言って、指名で来店した客に別の女の子を付けることをいう。当時の一部の高級店では当たり前のように行なわれており、後に客に広く知られるようになった。吉原という街の信用を大きく失墜させた出来事だった。

「私も始めたばかりの頃に、ナンバーのお姐さんのお客様を振り替えで当てられたことがあります。

そのお客さんはそれから何本か戻ってきてくれましたね。でも、それは私に実力があったからではなく、私がただナンバーのお姐さんよりも若かったというだけです。一生懸命やらないとネットに悪口を書かれるし、ホントに必死でしたね」

勃たない男性器に添え木を…

「まい」の話は、自分たちの世代と現代のソープ嬢との対比に移っていく。

「逆に質問してもいいですか？　今の高級店のナンバーワンって、指名本数は月にどれくらいなんでしょう？」

――だいたい20本くらいじゃないですか。

「そんなものなんですね！　それで手取りは1本で5万円もらえるんですか？　もらえない？　それだとなんのために働いているのか、まったくわかりませんね。私がいた10年の間にもお客さんの質はずいぶん変わったし、女の子の質も変わった。ボーイさんのレベルも下がったように思います。吉原（の景気）が悪い、悪いって言うけれど、そうした全体的な質の低下が不景気の原因になっているし、不景気がますます質の低下に拍車をかけているように思いますね」

――今のソープって軽いじゃないですか。セックスできるヘルスになっちゃっている。リスクが少ないから吉原でお店をやっている、なんていうところもある。

「たしかに昔と比べたら、全然違いますよね」

——格安店の中には、『何も知りません』っていう子には一応講習をするんだけど『別にやらなくてもいいよ』って教えちゃう店もあるそうです。やる気のある子は、ちゃんとお金を払ってお姐さんに教えてもらう人もいますけど。

「私は（あそこで）バナナを切る練習とかしましたよ。勃たないおじいさんに割り箸で添え木をして入れるなんてこともやりました。そのための添え木はあらかじめ作っておくんですよ。周りをヤスリで削って、なるべく痛くないようにして。割り箸だけだと無理なのでゴムを被せるんです。感触を味わってもらえたので、そのおじいさんは喜んでくれましたね」

——すごいなぁ。いま考えるとすさまじい話だけど、当時はそれくらいは当たり前だったんでしょうね。

「体を張るというのは、そういうことだと思うんですよ。お客さんがプレイ料金の6万5000円を稼ぐのにどれぐらい汗を流すのかって考えたら……。女の子の中には指名客以外を粗末に扱うような子もいるけれど、1年に1回きてくれるお客さんが100人もいれば100本分のお仕事になるんです。私たちの頃だったら、お給料の5万円×100本と相当な金額になるわけだし。お客さんには感謝しなければならないし、大切に扱わなければならないって思いましたよ」

——それで引退されるまでずっと吉原の高級店で活躍されたわけですね。

「ずっと高級店で働きたかったから、私は努力しました。大衆店に落ちたくなかったですから。落ちたら、多分、ずるずると50歳になってもここにいるだろうなと思いました。それが悪いとは言わないけど、私はそうしたくなかったんです。じゃあ税金はどうするんだとか、稼げなくなった時にどうやって生きていくんだって考えるとね。とても不安で怖いですよね」

――病気になって働けなくなることもあるでしょうし。

「一度、ローションが子宮内に入り、固まって炎症を起こしたことがあるんです。詳しい話はよくわからないんだけど、私たちの周りには〝掻き出し〟っていう都市伝説的な話があって、ローションは子宮内で固まるのでそれを掻き出さなきゃならない、って言われていたんですよ。実際に私がその状態だったのかはわからないんですけど、病院に行ったら『ローションが溜まっているね』って。熱がすごい出ちゃってひかないんですよ。その時は辛かったですね」

ボーイさんのボーナスは嬢が払う

――当時の思い出はありますか？

「2月か3月ぐらいの寒い日に、『シティプレス』って雑誌の撮影で伊豆へ行ったんです。温泉での撮影だって言われて、みんなで『わ〜い』って行ってみたら海だったんです。下着姿にガーターを止めてガタガタブルブル震えながら撮影して、みんな唇が真っ青なんですよ。『笑え』って言われたけど笑えない。最後は温泉入って帰ってきました。

でも、そういうのってメディアにタダで連れて行ってもらうわけじゃないんです。たとえばお店が雑誌の裏表紙に全面広告を出すってなったときは、女の子たちから1人あたり5万円ずつ集めて70万円の広告費を捻出したりしていたんですよね」

――そういえば、昔は盆暮れのボーイさんのボーナスも女の子から集めて出していたんですよね。

「え、いまの子は取られていないんですか？　いまの子たちはなんてラクチンなの？　ボーナスにどれだけお金を持っていかれたことか……。金額はお店の料金の1本分なので盆暮れに1人6万5000円ずつ持って行かれていました。ランカーとかだと『もうちょっと多くちょうだいよ～。今日多く稼いだでしょ～』なんて言われて、余計に多く取られましたよ」

――西日本のある地方ではまだボーナスの制度が残っていたみたいで、そこで働いていた女の子は『明日払います』って言ってそのままバックレた、なんて話をしていました。

「そういう子もけっこういましたね。払えないから飛んじゃったって子もいましたよ。ソープってボーイさんがいないと成り立たない商売なんですけど、ボーイさんたちにしてみたら私たち女の子がいないとご飯が食べられない。だから、昔はボーイさんたちはお店の女の子をけっこう怖がっていましたね。だって、私たちは命をかけていたんだもん。『私が一生懸命に個室で仕事をするから、アンタたち私が働きやすい状況をキチンと命がけで作んなさいよ！』って思っていましたしね」

――たしかに今の女の子たちは、命まではかけてないかもしれません。

「今の女の子たちは個室待機なんですよね？　それは絶対によくないと思います。控室の中に入れて、切磋琢磨させなきゃいけないんです。伸びてきたら個室待機でもいいですけど、自分でキチンと稼げもしないのに個室を与えられても……。控室で嫌な思いをしながら、ギュウギュウのすし詰めになってて、『お姐さんがご飯食べてるから今はタバコすっちゃいけない』とか、すごく気を遣って小さくなりながら、唯一の娯楽で与えられていたゲームボーイもお姐さんがきたら止めて渡さなきゃいけないとか……。

こんなところにいたくないっていつも思っていました。だから、ハングリーになれたんですよ。『指名を取れば部屋がもらえるんだから』って。そういう思いがあったから、私はすごくがんばって部屋をもらえるまで結果を出したんです。控室で何もせずに『今日もヒマだねぇ』なんて言っている人を見たら、心の底からイライラしましたね」

ソープ嬢たちが個室を与えられ、そこで待機できるようになるには、ひたすら指名の本数を稼ぎ、ランカーになるしかない。フリーで付いた客に気に入ってもらい、今度は指名客としてきてもらうために、ソープ嬢たちはプレイ技術や話術を必死に鍛えていたわけだ。

「私たちは生き残りをかけていたんですよ。『暇だなぁ』って言うから〝ふっ〟と見ると、肌はガサガサで化粧もしてなくて、ほつれてるようなワンピースを着ている。そんな姿でお客さんが付くはずがないじゃないですか。お客さんは6万5000円を払ってきてくれている。『惜しくなかったな、お得だったな』と思ってもらえないとお客さんは絶対戻ってこないし、自分に戻ってこないどころか店にも戻ってこなくなっちゃう……って常に考えていました。

控室にいることで、『私もこうなりたい』って思う環境がありましたね。お姐さんたちを見て、憧れましたし。でも個室待機だったらなにも見えないでしょうね」

——控室でお姐さんたちと一緒に過ごして、一番のメリットはどんなことでしたか？

「やはりマットなどの技術を教えてもらったことですね。あと私たちの頃でも、くぐり椅子（客を座らせた椅子の下を文字通りくぐるソープ嬢の技）をやる人は少なかったんですよ。それで何人ものお姐さんに教わろうとお願いしに行っては断られ……ってのを繰り返して、必死で食らいついて食らいついて、『あの子、うっとうしい』って言われてもお願いし続けて、やっと教えてもらえて身につけることができたんです」

お姐さんたちが講習を断った一番の理由は、「まだ若いから」だったそうだ。技術がなくても、集客できる若さという武器があるのに、そこまでして難易度の高い技を学ばなくてもいいではないかという親心もあったのであろう。

「お金が欲しかったら対価を払わなければならないし、その対価っていうのは私たちの場合は体だったり話術だったりするわけです。お客さんに『ちょっと太ったね』ってお腹の肉を摘まれたら〝ヤバイ〟と思って2週間なにも食べないとか、すごくストイックでしたよ。自分が商品なのはわかっているから、お腹のお肉を指摘されたら〝もう最悪〟。『私、売れなくなる』ってすごく焦って。お股から血が出ても、キシロカイン（痛み止めの軟膏）を塗って仕事していましたもん」

引き際の決断と引退時の苦悩

――最近の女の子たちはなぜソープという仕事に命をかけられなくなったのでしょうか？

「私が思うのは、〝お金〟じゃないでしょうか。ソープにくることになった原因の借金のことです。私たちのときには、平気で『借金が何千万円もある』なんて話をしていましたよ。数百万円くらいの借金だったら、『なんでこんなところにきたの、アンタ⁉』って」

――いまはホストに払う30万円が欲しいとか、昼職しているけれどあと10万円が欲しい、といった理由でソープで働く子がゴロゴロいますよ。

「それだったらキャバクラで十分じゃないですか。きっと若くてかわいいんだろうけど、そういう子ばっかり使ってるから店も女の子も質が落ちるんでしょうね。昔のお姐さんたちって吉原の宝だったと思うんです。彼女たちはホントに休まなかったですよ。当たり前に鬼連勤、お昼の1時から深夜の0時受付まで勤務してですから。上がりは深夜2時頃でしたね」

――10年前に辞めるキッカケは何だったんですか？

「もう気持ちが限界でした。ず～っと抗うつ剤飲んでたりしてましたし。私はいま生きてますけど、死のうとして飛び降りたことがあるんです。結果として死ななかっただけで。気持ちのバランスが取れなくなったので辞めました。

辞めると決心するのは難しかったです。辞めたいけれどお金は欲しかった。出勤すれば私に会いたいっていう男性がいっぱいいて、自然とお金が入ってくる。その反面、ここにずっといたらどうなるんだろうっていう漠然とした恐怖もありました。インターネットの掲示板にも色々と悪口を書き込まれたし……。あとはサラリーマン感覚のお客さんが増えたのもイヤでしたね。お茶を出すと『なんで〝どうぞ〟なの？　これって僕のお金でしょ？』なんて言われたり、『コンドームとかも支給されるんでしょ？』なんて聞かれたり。お客さんの話を聞いてて『交通費出るんだ……いいなぁ』って。こっちは全部自分でやってるので。挙句の果てに3回キッチリ射精した後に『なんでこんな仕事してるの？』って言われたりとか……。そういうのも嫌になったんですよね」

ファッションヘルスなど他業種であればサービスに必要なものをお店から支給されるケースは多いが、ことソープランドにおいては個室内で客に出す飲み物やタバコ、そして接客で使うボディソープやローションは、ソープ嬢が自分のお金で買い揃えることになっている。

――辞められた時にはお金は残っていましたか？

「少しは残っていたけど、金銭感覚がまだ変なので使っちゃうんですよ。お金はもう入ってこないのにね。金銭感覚の矯正には5年くらいかかりました。いまでもダメだなって思うところはありますね」

――上がって10年経って、吉原という街をどういう感覚で捉えていますか？

「一番悲しい場所だけど、一番自分が必死でいた場所。一番自分の魂がいる場所かな。今でも嫌いじゃないですね」

――いま吉原で働いてる女の子たちへアドバイスをするとしたら、どういう言葉を贈りますか？

「自分を削りなさい、自分の価値を知りなさい、ということでしょうか。それは自分を大切にする意味での価値を知れという意味ではなくて、たとえば6万5000円の店にいるなら、自分に6万5000円の価値がなきゃいけない。6万5000円の自分っていうのはどんな自分なのか、そのことをよく考えて接客をしてほしいと思いますね」

受け答えをする「まい」の言葉や表情には、吉原の元ナンバーワンソープ嬢としてのプライドが随所に表れていた。しかし、取材を終えると彼女はオーラを消し去り、その辺にいる主婦たちに同化して消えていった。

引退後に結婚をし、ごくごく普通の家庭を築いた「まい」は、とても幸運なソープ嬢だったのかもしれない。彼女の姿が消えた人混みを眺めていると、そんな気持ちがふとよぎった。

【某大衆店の現役ソープ嬢】あおい

細い路地の両側にソープランドが並ぶ。
値段はピン切り。格安店であれば１万数千円から遊ぶことができる。

一口に吉原のソープランドと言っても客が支払う金額によって高級店、大衆店（中級店）、格安店と3つの階層に分類することができる。

高級店は料金が総額で6万5000円～8万円、なかには10万円以上の料金を設定している超高級店もある。大衆店で3万円台から4万円台、格安店は2万円台以下だ。

これはボクの個人的な感想だが、他地域のソープの高級店は部屋や浴槽が広かったり、店の内装が豪華だったりする印象があるのだが、正直なところ吉原の高級店からはそのような印象を受けたことは少ない。その代わりに女性の容姿であったり、プレイの内容などで高級店の価値というものを出しているように感じた。一方、格安店は『容姿もサービスも求めないから、とにかく1回戦できればよい』と考える客をターゲットとしている店だと言える。

この項でとりあげる「あおい」嬢とは、たまたま訪問先の写真スタジオで知り合った。彼女は撮影にきていたスタジオの客で、とにかく話がうまくてノリがいい。かなりのキャリアがある現役ソープ嬢で、当初は高級店で働いていたが、現在は大衆店に移っているという。彼女は撮影の後の予定がないそうなので、お酒に誘い、吉原の一角にある寿司屋でお話を伺うことにした。

親のために吉原のソープへ

「もともとは西川口でキャバクラをやっていたんだけど、21歳の時にAVを始めたのよ。当時はバブルも終わりの頃だったけどまだ景気がよくて、キャバクラもお客さんがすごく入ってたから、それだけでも食べていけたんです。月80万円は稼いでいましたから」

——え？　西川口で80万円も⁉　そりゃすごいですね。

「だってあの頃の西川口ってソープランドはすごかったし、本サロ（本番ありのピンクサロン）もすごかったから。私はキャバクラしかやってなかったから風俗の世界はよくわからなかったけど、『男の人が集団で向かいの風俗店になだれ込んでいった』なんてことがよくありましたよ。23歳から25歳まではロック座（ストリップ劇場）に上がってて、その後に吉原でソープを始めました」

——吉原以外の地域やソープ以外の業種は経験されました？

「いや、吉原以外はしてないです」

——吉原のソープという業種を選ばれた理由は？

「うちの実家が都内に3階建の家を建てたんだけど、バブルが傾いて自己破産してしまったんです。お母さんは痩せこけてしまってね。

だからきっかけは親のためなんです。あの頃は家のため、親のために働く子が多くて、自分のために働く子は少なかったんですよ。男に借金された……なんて子もいましたしね。昔の子のほうが動機は純粋でした。ホントに借金を返したいという理由だけで体を売る。でも、今の子ってあっさり売るじゃないですか。私はAVに入るときも怖かった。マネージャーにだだをこねたりね。今は私も40歳を過ぎてるので、だだなんてこねないけどさ」

──だだこねるよりも、さっさと仕事して金稼げ……ですよね。

「ソープ嬢ってプライドを捨てないと、ナンバーワンには絶対に勝ち目がないですからね。私はいつも二番目だった。（1日に）6本、7本取った日もあったよ。それでも勝てないんだから。でもそいつ（ナンバーワン）は朝一番からきやがって、『ここは早朝ソープじゃねぇだろう！』って思ってたよ」

──タフですよね。

「男の人が喜ぶツボをほんとに知ってる。出す（射精させる）だけじゃないんです。スキンシップだけで客が喜ぶんです」

──昔は確かに店に入ったら上げ膳据え膳で、タバコや飲み物までくれるし、動かなくても服を脱がせてくれるし、何から何までやってもらえましたよね。でも今は全然違いますよね。水くらい自分で飲めって……。

「うそぉ！」

──格安店の中には水のサーバが置いてあって、自分で汲んで飲めって店がありますよ。

「私はクセになってるからね。たとえば夏にお客さんが薄手のシャツを着てても、ハンガーにかけてしまっちゃう。パンツもキチンとたたむ。靴下もちゃんと脱がせる」

──そういえば最近は靴下を脱がしてくれる女の子もいなくなりましたよね。

「そりゃあ確かに足は臭いと思いますよ。でもそれは洗えばいいことじゃない。私の場合は足が蒸れてたりする場合には、靴下を乾かすように置いておく。そういう気遣いが絶対に大事です」

以前は「ソープランドは至高の風俗」という考えから、プレイだけでなく客への気遣いという面で「ここまでするのか」というサービスを女の子に教育していた。高級店では今も当たり前だが、昔は大衆店でもソープランドは上げ膳据え膳で、性的なプレイ以外でも至高のサービスがあった。服は脱がせて畳んだり吊るしたりしてくれるし、ジュースやコーヒー、お酒にタバコも無料で出してくれる。客は黙って座っていれば女の子が何から何までしてくれた感があったものである。

しかし、格安店の勢力拡大に伴い、そこまで新人に教えなくなってきた。大衆店や高級店の20代前半の女の子たちに話を聞いてみると、「どこまで教育されているんだろう」と疑問を感じるときも少なくない。

指名客をつなぎとめるのは腕次第

「昔は仕事をすればするほどお金になったからね。私なんかこんなツラしてても、昔は可愛かったんですよ(笑)。痩せてたし写真の修正もいらなかったしね。

男の人は好みで女の子を選ぶじゃないですか。私は顔出ししてたから、ある程度は自分に自信があったんですよ。だけど指名がきても、そのお客さんをまた次にこさせるのは、自分の腕でしかないからね。昔のお客さんってくればくるほど、そんなにプレイの方は求めませんでした。貸し切りにして『どっかにご飯を食べに行こうよ』とか、『いいよ、今日は休みなよ』って帰してくれて、私の手元には28万円くらいある。お客さんが2000万円とかの貯金を使い果たした後、借金してでもきてた時代があるんです。

でも今は安い店でもダブル、トリプルで客を取るのは難しいと思う。昔を知ってる人は今の吉原にはびっくりしますよね。でも人間ってたぶん時代に合わせていくんですよね。女の子も昔のことなんて知らないだろうし、OLさんよりは稼げているからって満足している」

――当時の最高額ってどれくらい稼ぎました？

「計算してないけど、出勤すれば絶対に1日7本はありましたよ。8本の日もあった。最後のコマには絶対にダブルを取ってくれる人もいて、週4で出勤してたから……」

――1本のバックが5万円として1日7本、週4で月3週出勤したとして、単純計算で420万円になります。

「え？　すごいなぁ……。ハワイとか、めちゃくちゃ行きましたね。休みの日は国内にいなかった」

――当時買ったもので一番高かったのは何でした？

「いや、みんなお客さんに買ってもらいました（笑）。浜崎あゆみが着てたダイヤ入りのドレスを買って、耳にもダイヤモンドを付けて。それもみんな新宿の伊勢丹で待ち合わせをして、お客さんが買ってくれるんですよ。だからブランド物で欲しいものは自分で買わない。ブルガリはまた別の人で、ティファニーも別の人。ブランドごとに買ってくれる人が違うの」

当時の売れっ子はお客さんに買ってもらったアクセサリーを身につけて、店用の写真を撮影していた。客はお気に入りの嬢が自分がプレゼントした物ではないアクセサリーを着けていることにヤキモチを焼き、また別のアクセサリーをプレゼントする。女の子の馴染客同士がそれを競っていた。現代の風俗嬢たちは集客用の写メ日記に今日きてくれた客へのお礼を書き、それを見てヤキモチを焼いた客の来店をうながす。それを『お礼日記』と呼ぶが、かつての売れっ子たちが使った手法が受け継がれていると言えるのかもしれない。

「写メ日記なんてめんどくさいことできないよ。ソープ嬢なのにキャバ嬢みたいなことをみんな求めてるのかな?」

――以前は連絡先なんて絶対に教えなかったですよね。今はLINEのIDとか当たり前に教えている。昔は3回くらい指名して、慣れ親しんでから『外でご飯でも食べませんか?』ってようやく言えたくらいだったのに。

「いつの時代も変わらないのはハートだよね。どんな人でもちゃんと誠心誠意、『ここまできてくれてありがとう』って感謝の気持ちと、思いやりがないと、接客されてて絶対嫌だと思いません? 吉岡さんはすごくきれいな子に付いてもらうのと、思いやりを持った女の子に付いてもらうの、どっちがいい?」

――そりゃあ、ボクは思いやりと相性優先ですね。

「相性ってのはね、女の子は合わせられるものなんです。これまですごい金額をつぎ込んでくれたお客さんは、今でも私に本指できてくれます。実際の話としてそこまでしてもらっても、私は何も返すことができないですよ。いい人だってのはわかってるんだけど、結婚はできないしね」

ソープが混むとホストも稼げる

――格安店が一気に増えて、料金が1万円台の格安店も増えました。女の子の収入もかなり下がってきてますよね。

「『そんなはした金で体を売るなんてアホか⁉』とは思うよね。でもそれなりに私も年を取ったから、今はそういうのも受けいれているけどね。指名も返ってきたから『なんで？』って思ったけど」

一見の客が次回に指名できてくれることを、指名が返るという。

――そりゃ大衆店の客は高級店のような〝若い絶世の美女〟を求めているわけじゃないんだから、価格が安いぶん指名は返ってくるでしょう。だって変に若い子と遊ぶくらいだったら、ある程度の年齢の酸いも甘いもわかってる人と遊んだほうが楽しいもの。

「そりゃあそうかもね（自分でビールをグラスに注ぎながら）。あっ、ごめんなさい。自分のグラスから先に注いじゃって」

――いえいえ、きていただいたんだから、ボクの方こそお酌しなきゃいけないのにごめんなさい。

「いえ、とんでもないです。だってココ、おごりでしょ（笑）」

——そりゃ、もちろんですよ（笑）。

「前はさぁ、プライドがあったからね。というかお金を持っていたから、『払う払う、いい、いい、いい!!』みたいな（笑）。酔っぱらわせちゃえばね。でも今はさぁ、厳しいんだって!!（笑）。って、そんな話をすればいいの??（笑）」

——吉原の今昔物語ですから。今と昔の一番大きな違いは、まさにそこなんでしょうね。

「根本的には、ハートがない人間は客を呼べないのよ。でも、最近は入ってくるお金が下がったよね。昔は当たってる女はすごい偉そうだったし、男を下に見てた。店上がりに今みたいに飲んでたら、ビールとか男にひっかけてたもの。『なんなんだよぉ、なんか文句あんのかよぉ』みたいに」

知人の業界関係者が吉原のハズレで飲んでいる時、店にソープ嬢数名が入ってきたそうだ。「お姐さん一緒に飲みましょうよ」と声をかけたら、「うっせぇな!!」と突然切れられたという。仕事が終わってまで男と一緒にいたくないという気持ちと、男を下に見るプライドがそうさせたのかもしれない。

「私なんかの時代のホスト遊びはとくに激しくて、ふざけてビールぶっかけたり、金をばらまいて『拾えよ、この野郎』なんてしてみたり……ほんと、飲み方が汚かったよね」

当時の売れっ子ソープ嬢が、ホストを相手にハイヒールにシャンパン入れて『飲みなさいよ』と迫った、などという話はよく聞いたものである。じゃんけんで勝った方が負けた方をビンタするという遊びもあったらしい。ケンカ慣れをしていない女性なので、手の当て方がわからず、ホストの耳を強打して鼓膜を破ったという笑えない話もあったそうだ。

「私はそこまでしないけど（苦笑）、じゃんけんビンタはやったね。『1万円あげるから、1発なぐらせて』ってのもやっていたな」

——怖い‼　メチャ怖い‼

「でもさあ、お金はやっぱり回ってるものだと思う。男が女に貢いで、女がまたホストに使う。順繰りにお金が流れてるんだよね。女の子はさぁ、いろいろと男性に奉仕して気持ちよく帰ってもらうことに努めてると思うの。だから外に出て歌舞伎町に行ったら、その反動が出る。それにしても今思うと酷い遊び方だったよね……。

でもホストに一番カネを使ってたのはソープ嬢。ホストのカネ回りがいい時は、ソープ嬢が稼げてる時だと思いますよ」

インタビューが終わると、あおいは電話で女友だちを呼び出し、タクシーで歌舞伎町へ向かった。意地悪く「ホストクラブへ行くの？」と尋ねると、「もうそんなお金ないから卒業したよ」と彼女は笑った。これからどこかのバーで、朝まで飲むつもりらしい。

かつて売れっ子だった彼女からはプライドと哀愁が感じ取れた。言葉は少しキツくはあったが、その奥には優しさも感じられた。またいつか話を聞いてみたい女性である。

【吉原の人気定食屋の女将】Sママ

江戸二通りの東にある路地には、戦後まもない頃に建てられたの建築物がいまも残る。写真はマスミ荘。かつてはカフェーとして営業していた。

吉原に『定食が上手い』と評判の店がある。この店を経営するのはSママ。彼女の手料理は絶品との評判で、手作りの定食を求めて通う常連客も多い。実際は喫茶店なのだが、まるで大衆食堂のような雰囲気が漂う不思議な店だ。

実はこのSママ、かつてはここ吉原で働いていた元ソープ嬢。吉原にはSママのように現役引退後も引き続きこの町に留まり、生活をしている女性が少なくない。長きにわたって吉原を見てきたSママの目には、この町の移り変わりはどのように映ってきたのだろうか。

昔はソープのお風呂もため湯だった

――Sさんはどんなきっかけで吉原へ入ってこられたのですか？

「理由は当時の恋人ですね。吉原にきたのは20歳のときだったから42年くらい前です。付き合い始めた頃は、彼が15歳で私が18歳でした。ここは20歳にならないと勤められないから、その前は川崎にいたんです」

――あれ？　昔は20歳未満の女の子もいたんじゃないんですか？

「いや、いない。いたとしたらナイショの子ですね。Y子のときも19歳で断られたんだよね」

Sママはそう言うと、店の奥の方を振り向いた。すると、奥にいた従業員の女性が「うん」と大きく首を縦に振った。聞けばその女性、Y子さんも吉原でソープ嬢をしていた経験があるという。

吉原には飲食店もある。写真はカレーが名物だった「正直ビヤホール」（2016年12月閉店）

――そうなんですか。Ｓさんが吉原にいらっしゃったのはいつごろでしょう？

「昭和50年くらい。当時はお客さんがよく入っていましたね。いちばん最初に勤めたのは『やまと』というお店で、すぐに保健所の手入れがあったから『伏見』っていう店名に変わったんですよね。部屋にマットがあったのを見られてダメになったの」

――当時からマットはダメだったんですか？

「ダメです。私がきた当初は吉原に、今使われているエアマットというものがなかったんです。黒いペッチャンコのスポンジが入ってるだけのマットしかなかった」

ソープランドにマットが置いてあるのは当然だと思う方は多いと思うが、実は今も違法である。ソープランドは風営法により風俗店としての規制を受けているが、かつては法的に「特殊浴場」と定義されており、公衆浴場と同様の規制も受けているのだ。定期的に保健所の調査が入り、浴場施設にあるべきものがなかったり、あってはいけない物が置いてあれば処分の対象となる。そのため保健所の立ち入りがある日はマットを店外に運び出したり、空気を抜いて物置などに隠したりと、今でも大騒動が巻き起こるのである。

「エアマットはたぶん昭和54年頃に、東京エコーっていう業者が作って持ってきたのが最初だと思う。その頃は『こんなフワフワじゃやり辛い』ってみんな苦情を言ってました。しばらくしてビートたけしが吉原に遊びにきて、マットを持ってったんですよ。それを『たけしの元気が出るテレビ』ってのがあったでしょ。あの番組の中で、多摩川でマットを使って筏下りをやって、一時話題になったことがあったんですよね。

ローションもその頃に使うようになったんだけど、私が入った頃は完全に泡でした。ボディソープもないので、ひたすらグリーンの目が粗いスポンジで、ベビーせっけんをガーーーとこすって、熱いお湯で溶かしてました。だから〝舐め洗い〟ってのもできなかった。

浴槽のお湯もため湯。昔は部屋の女の子が変わってもお湯は抜かずにため湯だったんですよね。当時の女の子はトルコウェアっていうユニフォームの上に半纏を着ていて、どこのお店も制服っていうのがなかったんです。お客様によっては『今日はスペシャルでお願いします』とか言われることが多々ありました」

――スペシャルって？

「手でやるんですよ。その時は裸にならないんです。トルコウェアを着たままお客さんの体を洗って手でしてたわけです」

——もともとトルコっていうのはスペシャルだけでしたよね。

「ダブルっていうのもあったのよ。それはシックスナインのこと」

——昔のお姐さんに聞くと、「私はキスしたことない」とか……。

「彼氏への義理立てなんだろうね。でも私にはそういう考えが全然なくて、お客さんが喜んでくれるのが一番と思って接客してたから、そんな話を聞くと『はあぁ？』みたいな感じですね」

——Sさんは吉原でどのような接客をしていたんですか？

「当時のソープは吉原よりも川崎の方が技術も何もかもが進んでいて、吉原のお店に入った時点で『川崎にいた頃のお仕事をしてくれればいいよ』って言われたんです。私は黒いベッドの上で泡を作って、川崎で教わった泡踊りをやっていました。

吉原の個室って川崎に比べると部屋がすごく小さくて、マットを置くスペースもなかったんです。泡踊りが終わるとベッドの上を自分で拭いて、シーツをかぶせて本番をやっていました」

——吉原のソープはいつ頃から本番をするようになったんですか？

「私が昭和50年にきたときは半々くらいですね。『おっぱい触らせれば客はくるわよ』とか、『キスなんてしようものなら、お客さんがすぐにくるわよ』とか、よく言われたものです」

同僚は戦前生まれのソープ嬢

――その頃の『伏見』という店は高級店になるんですか？

「いえ、普通の中級店でしょうね。昭和50年で入浴料3000円、サービス料8000円」

――当時、一番高い店はいくらくらいだったんですか？

「それでもワンツー（入浴料1万円、サービス料2万円）くらいだったと思います」

――当時は格安店ってあったのですか？

「『東』とか『ニュー東』とかって店は格安店でしたね。ここは年齢層が高めの店だけど、1万円以下でやっていた。

その中にすごいやり手のお姐さんがいて、ベンツに乗ってたの。普通は店の中でお金を貰うでしょ。でも店の外でお客さんに『いくら？』って声をかけられると、『お気持ちで結構です』って答えるんですよ。置かれたお金が一番安くて500円だったんですって。それでもそのお姐さんは『ありがとうございます。またお越しください』って応えたって。よく彼女を見習えって勧めてた店の店長に言われてましたよ」

――昔は格安店は年配のお姐さんで、若い子のいる店は高かったという印象なんですけど、ある時期それが急に崩れちゃいましたよね。

「1人のお客さんと長時間一緒にいるのが嫌なんだって。1発やったら帰ってほしい。それで人数をこなした方がいいっていう子がいるのと、3発でも4発でもいいから2時間いてもらったほうがいいっていう子がいるんですよね。私の頃はお店ごとにバニーちゃんとかスチュワーデスとか尼さんの衣装なんかがあったから、それが着れないと勤めさせてもらえないってのもありましたね」

――ちょっと前だと四角いくぐり椅子をくぐれないとダメってのがありましたよね。

「私らの頃はくぐり椅子はないから。できたのはもっと後になってからですね」

――その頃の働いている女の子の平均年齢はどれくらいだったのですか？

「私が昭和29年生まれなんですけど、一緒に働いていた中で年上の人は戦前生まれでしたね。昭和50年というと私が21歳。私よりも9つ上だと30歳。だからその時に30歳になっていたら戦前生まれなんですよ」

――今でいう平成・昭和みたいなもんですね。

「そうなんですよ（笑）。仲良くしてた人は13歳年上の昭和15年か16年生まれの人。一番上のお姐さんで40歳くらいじゃなかったですかね」

ボーイさんと仲良くするのは厳禁

――女の子はその頃、吉原の近くに住まわれていたのですか？

「みなさん、結構遠かったですよ。私が知ってるかぎりで一番遠かったのは、幸手《さって》（埼玉県）。あそこからタクシーですね」

――その頃は店泊（お店の控室やプレイルームに泊まること）ってあったんですか？

「ないです」

――吉原にはまだ旅館とかあったじゃないですか。そういうところに泊まっていた女の子はいなかったんですか？

「旅館はどこも〝パンマ〟をやってましたし、当時のこの辺ってホテルって言えるところがなかったんですよ。ビューホテルもないし、東横インももちろんないし。ちょっと浅草の方へ行くとありましたけど、それは修学旅行生を相手にしたホテルでしたから、泊りがけで働いていた子はいなかったですね」

〝パンマ〟とは女性マッサージを装った売春のことを言う。取り締まりの強化で売春ができなくなった女性が、マッサージ師を名乗って売春を行うケースが多く、パンマを置くことで実質的に売春宿として営業していた吉原近隣の旅館も当時は少なくなかったようだ。

――その頃は地方から働きにくる子はいなかったんですか？

「いましたね。でもこの近くに住んでる人はほとんどいなかったですね。マンションもなかったから住むところがないし。私が仲良くて『近くていいね』って言っていた子でも、蔵前に住んでいました」

――ボーイさんもそのあたりから通っていたんでしょうか？

仲之町通りに面した「ミスターダンディ　パート２」。かつてこの建物は喫茶店だったという。

「フロントとはあまり仲良くしてはいけない決まりだったから、ボーイさんたちがどうしていたのかは全然わからないの。でも『みんな飲みにいくよ～』ってのはありましたけどね。

男の人に払わせてはダメっていう世界だったので、払うのは女の子。お客さんにタバコをあげるのが当たり前でしたから、ボーイさんにセブンスターをワンカートン買ってきてもらって、５０００円札を渡して『お釣りはいらないよ』なんてことを言ってましたね」

――その頃に引けてお姐さんたちと飲みに行ったりするじゃないですか。どのあたりへ繰り出していったのですか?

「ホストクラブも行ったことあるんですけど、新宿が多かったですね。あとは吉原の中に喫茶店がありました。今の『ミスターダンディパート２』さんが昔は『テナー』という喫茶店で、ジュークボックスが置いてあってお酒を飲めるお店でした。中は改装してるけど、建物があのまんまなんです」

近所の喫茶店で待つ男たち

——その当時のお客さんはどういう方が多かったですか？

「職人さんが一番多かったかな。『宵越しの金を持たない』なんて方がまだいらして、先輩に『あの子がよかったから行ってみろ』って言われたとかで、きてくださった方もいましたね」

——当時は情報誌とかありました？

「広岡（敬一）先生が書いていた新聞とか、『週刊実話』とかですね。女の子の写真は一切載っかってないし予約もできないし、フロントにも写真はありませんでした」

広岡敬一氏は1970年代から「トルコロジスト」の肩書きを名乗り、週刊誌や著書を舞台として当時のトルコ風呂のルポライティング活動を行っていたフリーランスのジャーナリストである。1980年に発表した『ちろりん村顛末記』（朝日新聞社）は『トルコ行進曲　夢の城』として映画化もされている。

——じゃあ女の子が順番にお客さんに振り当てられるという？

「そうです。お客様もフロントにきて『今日〇〇出てる？』『出てますよ。2時間待ちです』。それで、お客さんは2時間待ってるんですよ」

――電話で予約っていうのはできなかったんですか?

「なかったですね。店にこないと受けてもらえない。だからお客様は3時間でも4時間でも待ってましたね。そのためにみんな喫茶店で飲みながら待ってたんですよ。あとは近所の『大黒屋』さんとかでね」

――引手茶屋みたいな名残りがあったんですね。

「そうそうそう」

江戸遊郭の時代、高級遊女と遊ぶ客はまず引手茶屋に行き、芸者、幇間《ほうかん》らを招いて酒食をとって遊ぶ。そのうち、指名の遊女が従者をつれて迎えにくるというのが決まりであったという。そうした華やかさは皆無だが、喫茶店での順番待ちも江戸遊郭の名残りと言えなくもない。

――電話で指名ができるようになったのはいつからですか?

「1980年代に入ってからですね。その当時でも写真はまだなかったかもしれない。私も〝ばばぁ〟って言われてたから。その当時はどういうわけか、30歳でも言われてた。26歳くらいでも〝ばばぁ〟って言われてましたね。だから『ちょっとおばさんですけど』って説明をしていましたね」

――昭和60年頃は写真はありましたか?

「ありました。簡単な感じでポラロイド写真が置いてありましたね」

風営法の改正で24時間営業が禁止に

――10年くらいしてバブルが起こるわけですけど、吉原に変化はありましたか？

「その間に風営法（の改正）が1回あって24時間営業がダメになりました。私が入った当初も午前3時受付けまでの営業で、その時にお客さんが待っていれば午前3時を過ぎても仕事をこなさなければいけなかった。フロントは歩いてるお客さんを3時までにみんな呼び込んで、『このあと3人続くからね』と……そんな世界でした。だからお店を出ると太陽が昇ってたりしましたよ」

ソープランドはかつて24時間営業可能だったが、１９８４年の『風俗営業等の規制及び業務の適正化等に関する法律』の大幅改正で、午前0時から日の出までの営業が禁止されることになった。風営法の改正後も午前0時までに客を受付ければ、表の看板を消して0時以降も接客を続けることがしばらく容認されていたが、規制が強化されるに従ってそれも完全に禁止。２０１７年の同法改正によって、ソープランドの営業禁止時間は〝午前0時から午前6時まで〟に固定されることになった。

――その時のプレイ時間は何分でした？

「だいたい80分でした。その当時、お店が開くのは早番が午後3時、遅番が午後5時でしたね」

――昼間は開いてなかったんですか？

「あんまりやってなかった。やってる店もあったかとは思うんですけど、普通の店は大体そんな感じでした」

――じゃあ、お客さんは夜にきていたわけですね。

「そうです。飲んでからくる人が多かったから、銀座が終わった後が忙しかったですね。銀座が夜の12時くらいに店を閉めますよね。そのあとにタクシーを飛ばして吉原までくるんです。だから12時から5人とかお客さんが付くんですよ」

――バブルを迎えて、一番変わったことって何でしたか？

「送迎ができたことですね。私は一時期フロントに座ってたんですが、その頃に他店が送迎を始めたんです。私がいた店はまだ送迎をしていなかったので、『申し訳ありません。〇〇（喫茶店名）でお待ちください』って待っていただいて、着物姿で迎えに行ったことが何度かありました。私がいたお店は変わってて、出ていける女の子は自分で喫茶店まで迎えに行ってたんです。お客様も喜ぶし、タクシー代の代わりにコーヒー代を払ってあげていたんですね」

――そのお店の当時の料金はいくらぐらいだったのですか？

「総額で4万5000円です」

――入浴料とサービス料がそれぞれあるじゃないですか。そういうシステムはいつできたんですか？

「私が最初に吉原にきた頃は、入浴料3000円、サービス料5000円とかってあって、サービス料は本指料って名目で書かなきゃいけなかったんです。5000円はお客さんの背中を流すまでの料金で、それ以上のサービスはさらに別料金がかかりますよってことだったんですよ。今でいう総額という表記はありませんでした」

——表示されている金額以上にお金がかかることは、お客さんも暗黙の了解でわかってたわけですよね。

「何人かわかっていないお客様もいらっしゃいましたけどね」

——5000円だけ握りしめてるお客さんもいましたか？　もしそういう人がきてしまったらどうしていたんですか？

「お体だけ流してさしあげる。何度かありましたよ」

女の子主導でシフトを作成

——それで、バブル期になって高級店が出てくるわけじゃないですか。一番高いお店でいくらくらいですか？

「6万5000円くらいですね。竹〇代ちゃん（吉原の伝説のソープ嬢）とかね。アイドルみたいな子が出てきて、そんな頃に雑誌（風俗情報誌）ができたりとか」

——その頃の話をオーナーの方に聞くと、すごく儲かったというじゃないですか。女の子のお給料も突然上がったのですか？

「入浴料四〇〇〇円」と書かれた看板。サービスを受ける場合は別料金が発生する。

「その当時は私はどちらかというとソープの経営の方に興味があって、フロントをしていた店のママに色々教えていただいたりしてましたけど、稼ぎはすごくよくなったでしょうね」

——そのお店の当時のナンバーワンって、1日に何本くらい稼いでたんですか？

「月に100万円いけばいい方だったかな。月に指名を50本取ると部屋持ちとか、そんな決まりがあって、みんなそれを目指してがんばっていたんですよね」

——指名料は1本でどれくらい入るのですか。

「指名できてもらうとお客さんに割引券を渡すから、逆に手取りが安くなるんです。女の子としては指名できて欲しいから、割引券を渡すんです。割引額は2000円くらいでしたね。お客さんが帰られるときに2勤1休の公休日にバッをつけたカレンダーつきの名刺を渡すんです。それを次にきた時にフロントに出していただければ2000円割引しますということ。その割引は名刺に書かれた女の子を指名したときだけ使えるわけです」

――2勤1休みの女の子の労働形態ですけど、それは昔からある勤務形態なんですか？

「そうです。なんでかっていうと女の子は3班に分かれてたからなの。その頃はお部屋がダブるなんてことはめったになかったんですよ。たとえば15人いるとするでしょ？　それを3つの班に分けて、早番、遅番、休み、早番、遅番、休みを繰り返す。すると必ず10人は出る。各班に班長さんというのが1人いて、生理休暇などでそのローテーションが崩れた時に、女の子の控室で班長さん同士で『今度の公休にうちの班から1人だすね』って話し合って決めてたんです。だからフロントは一切そんなことにタッチしていなかったんですよ。

その頃は月に一度、社長も出てみんな集めてのミーティングがありました。その時に『○○指名何本、フリー何本』ってグラフを上げて全部発表してましたね」

――それはいつごろから崩れてきたんですかね？

「私が辞めてからだから、平成の初め頃くらいからでしょうか」

――フロントをしながら、現役も続けていたんですか？

「私を指名するお客様がいらっしゃったんでね。そのあと別の店に移って、平成3年頃に嬢を上がったんです」

かつては出勤の管理などを店側がせず、女の子たちが班ごとに自主管理していたなど、今の風俗業界とはまったく違う話がいくつも出てきて驚いた。

尺八のために歯を抜いたソープ嬢

――15年前まで『○○』なら〝□□さん〟っていう感じで有名なソープ嬢がいたじゃないですか。でも今はみんなが知ってる女の子っていなくなりましたよね。何が原因だと思いますか？

「おもてなしがなくなったからだと思います。私の頃は自分でいろんなアイデアを考えていたんですよ。たとえば私が『E』という店にいた26歳ぐらいの時は、お尻を貸す（ＡＦ）とか、個室に大人のおもちゃを並べとくとか、そういうことを個人的にやっていた。面白い人は紙パンツをはいて水鉄砲で……とか、それぞれが色々と考えていたんです。たとえば、尺八を上手にするために歯を抜いちゃってるような人とか、子宮を取っちゃった子もいました。当時はまだピルが普及してなかったから、生理をこなくするためにです。

当時は日本製のピルなんてないからドイツ製のピルを飲んでたの。とても強い薬なんですよ。私は飲んでも平気だったけど、何人かは脳梗塞になったり副作用が出た人もいた」

――ノースキンが始まったのはいつごろだったんですか？

「私が吉原にきた時はすでにノースキンでした。その頃は川崎もノースキンだった」

――ノースキンだった店では、そんなに強いピルをみなさん飲んでたわけなんですか。

「そう。あとはだれも知らないだろうけど、ペッサリーを入れたりとか」

――オブラートみたいなのもありましたよね。

「マイルーラ？　そんなもの、当時はないから（笑）。ペッサリーはゴムでできた、コンドームのちょっと大きいようなやつです」

――あれって完璧に避妊できるんですか？

「完璧ではないです。でも講習の時に洗浄の仕方をお姐さんに教えてもらいました」

ペッサリー、マイルーラは女性器の内壁に装着する避妊具だが、今ではあまり聞かれなくなった。

――吉原ではノースキンの割合はどうだったんでしょうか？

「私がきた当初はノースキンの子はあまりいなかったの。でも私は『川崎でやってたようにやってくれ』って言われたからノースキンでやっていたんです。でも、ノースキンだからという理由で他の女の子からいじめられましたね。『そこまですれば指名はくるわよ』とか、戦前のお姐さん方にね。その頃はまだお弁当屋さんもないから、出前が器でくるんですよ。ご飯とお味噌汁ととんかつと……って感じで頼むんですけど、個室に上がってくると茶碗の中にタバコの灰が入ってたりとか……そんなことが何度かありました」

稼いでいる女の子を妬んでイジメや嫌がらせをする。これは現代でもよく聞く話だ。最近では売れている嬢を貶めるために、インターネットの掲示板に悪意のある書き込みをするなんてこともあるらしい。

資格を取れば自信につながる

——それで、Sさんがこの店を始めたのはいつごろですか？

「1996年に開きました。その3年くらい前に着付けなどの資格を取ったので、講師をしてたんです。ここは以前私たちがよくお茶を飲みにくる〝A〟という喫茶店だったんです。（東京都立）台東病院があった頃、職員の人たちがここでいつもランチを食べていたんですよ。ところが台東病院がなくなっちゃったからランチが一切出なくなっちゃったわけ。そうすると暇になるでしょ？　ココが空くというので、『じゃあ借りようよ』ってことになったの。最初はどういうやり方をしていいかわからないから、他の喫茶店のママにお世話になったんですけどね」

——ママはソープを辞めてからセカンドライフとして店をやられてるじゃないですか。今働いている女の子たちはみんな将来が心配だと思うんですよ。将来のために現役である間にやっておいた方がいいことはありますか？

「やっぱりある程度稼げるうちに何かを身につけておくことですね。なんでもいいから身につけておけば、たぶんそれが自信になると思う。私は着付けの資格とかを持っているから、何かあったら結婚式場で働こうとか、そういう支えがあるからがんばれるんですよね」

――今は辞めてもまたすぐに戻ってくる女の子が多いじゃないですか。昔はどうだったんですか？

「少なかったかなぁ。私の知ってる人はホストクラブを経営したり、ビルを建ててマンションのオーナーをしている人も2人います。お店のオーナーもいますし」

――じゃあ、セカンドライフに必要なお金を貯めてから辞める女性が多かったんですね。

「その時に、指名できているお客様がすごく自分にプラスになる時があるんですよ。だからやはりお客様は大切にしましたよね。やっぱり辞めてもまだ連絡が取れる人が私にも6、7人います」

――現役を辞められて何年？

「24〜25年です」

――すごいですね。それだけ経ってもまだ連絡を取れるなんて……。

「携帯電話も何も当時はなかったですからね。電話番号を聞いてもこっちからかけることは基本的になかったんですけどね」

――昔、連絡先を聞いてはいけないって風潮があったじゃないですか。そういったのはあまり関係なかった？

「名刺をくれたお客様に、何かあった時に連絡するくらいですね。私が若い頃はまだ組合ってものがなかったので、いつ警察の手入れがあるかわからなかった。もしもの時に連絡するために名刺を取っておいたの。

罪にはならないんだけど参考人として、私も2度警察に連れて行かれてるんですよ。オーナーの罪状は場所提供で、管理売春には問われなかった。その代わり、使用済みコンドームは店に残してはダメ。家に持って帰って捨てなければいけなかった。ティッシュで拭くなんてとんでもない。それが店に残ってても証拠になるわけだから」

——じゃあ、売春防止法の管理売春で摘発されるケースはなかったのですか？

「ほとんどないですね。あっても1ヶ月とかの営業停止で済んでいた。廃業になったのは『R』って店くらいじゃないですかね」

——有名人は結構きていたのですか？

「お相撲さんが多かったかな。芸能人や野球選手もきていましたね。うちの（喫茶店の）前は駐車場だったんだけど、K原選手はここに停めて遊びに行ってたのよ」

吉原の女の子はすごく純情

——吉原という場所をずっと見てきて、女の子の変化は感じますか？

「大きな違いはないです。私から見て、女の子たちには『男の人を騙そう』という気はないのね。そういう意味ではキャバクラや銀座のクラブにいる女性たちの方がしたたかかもしれない。（吉原の女性は）みんなすごく純情で、ちょっと小悪魔的なところがあるから男の人が惹かれるんだと思うんですね。でも最近感じたことだけど、思いやりとか気配りという面ではなくなってきたかな。そこだけが違ってきてると思います」

——ママにとって吉原って何ですか?

「自分を飾らないで生きれる場所。だからストレスはない(笑)。私の友だちでいろんなところにいる子が訪ねてくるけど、みんなストレスばかり。だからココにくると少しはホッとしてるんじゃないかな。

自分の過去を言えないし話せる場所もない。昔何やってたの? って聞かれても何も答えられないじゃない。家を建てて23年になるけど、1回も住んでいないんです。母と弟夫婦が住んでますけど、どういうわけか私は未だにアパートで暮らしていますよ(笑)」

Sさんの喫茶店は常連客に愛されて繁盛している。

料理の美味さもあるが、ママであるSさんの気さくな人柄に惹かれて来店する客が多いように見受けられた。ボクはこの日はコーヒーだけいただいたが、次回はママご自慢の定食を食べに伺いたいと思っている。

【コラム1】かつての吉原はかくも厳しい街だった

ここまで、高級店の元ナンバーワン「まい」さん、高級店から大衆店に移った「あおい」さん、そして元ソープ嬢であった喫茶店の「Sママ」の話を紹介してきた。

彼女たちはインタビューの中で吉原に残るしきたりについて語ってくれたが、「ナンバーワンが食べるまで、他の者は食事をしてはいけない」など、まるで江戸時代の遊郭を彷彿とさせるような厳しいしきたりが残っていたことに、正直、ボクは驚かされた。

吉原で20年近く働いてきた、あるベテランソープ嬢は吉原にきた当初、お店のお姐さん方に「(客室の)畳の縁や敷居を踏んではいけない」と厳しく教えられたそうだ。畳の縁を踏まないというのは、どちらかと言えば家庭などで教わるマナーの範疇に入る。一昔前の吉原では、そうした一般常識に近いようなことまで、しっかりと教育していたようだ。

吉原の高級店で20年以上にわたってトップクラスに君臨するSさんは、吉原のしきたりについて次のように語る。

「私がこの仕事を始めた時、お店の経営者から『お昼にお弁当をとるなんて、もってのほか』って言われました。要するに『お弁当を食べるような時間があるなら、働きなさい』ということなんですね。実際、店はすごく忙しくて、口開けから退勤までお客さんが途切れずにいらっしゃいました。ご飯を食べる時間なんてまったくなかったですね。たぶん、お店で食事をしたことなんて、一度もないんじゃないかな。だから弁当や出前を取るなんて、ありえないですね」

ソープ嬢という仕事は、一般の仕事と違って毎日できるわけではない。出勤日はおのずと限られてくるため、お店に出た以上は休みなく働いた方が稼ぎになる。「お昼にお弁当を取るなんて、もってのほか」というのは、ソープ嬢の働く姿勢を言い表したしきたりなのかもしれない。

もうひとり、かつてそのぶっ飛んだキャラクターで人気を博し、内田美奈子の芸名でAV女優としても活躍したメグさんも、吉原の厳しいしきたりに直面したことがあるという。

「若い頃から吉原のソープ嬢に憧れていたんです。ソープ嬢に限らないけど風俗嬢って、みんなが寝静まる頃に働いて、涙をこらえながら一人でローションカシャカシャっていうような……。なんか、そういう不幸そうな女に憧れていたんですよ。かわいそうな自分が好きなんです。

吉原のしきたりの厳しさに直面したという元AV女優の内田美奈子（メグ）さん（撮影：著者）

いまから10年ちょっと前の20代半ばの頃、お勤めしていたキャバクラの会社が系列店としてソープランドやピンクサロンを何軒も経営していたので、『吉原に行きたい』と言って身の丈にあったお店を紹介してもらいました。

正直、かなり厳しいお店でしたね。周りにいるのはソープ歴20年以上のベテランのお姐さんばかりで、『お客様と同じ高さに座ってはいけない。必ず一段下に座るように』とか、『お客様がトイレに行ったときには、外でおしぼりを持って正座して待っていなさい』とか。制服がチャイナ服だったので、正座すると床が冷たくて……そうしていると『私って、超かわいそう‼』みたいな感じでよかったですね（笑）。

女の子の待機室にも決まりがありました。『全員決まった場所があるから、勝手に座ったらダメ』だって言われたので、いつも『こちらに座ってもよろしいでしょうか?』ってお姐さんたちにお伺いをたてなきゃ座れなかったんですよ。『上下関係キターーーッ!!』ですよ(笑)。たまに部屋持ちのお姐さんからお部屋を借りたりする時も、『お部屋をお借りします』って挨拶して、めっちゃ掃除して返したりとか。

お給料を精算する時も、『精算よろしくお願いします』って言って事務所に入るんです。店員さんは椅子に座っているんですけど、私たちは正座してお金を貰って『ありがとうございました』って、まるで家来ですよ。私はそんなに深く考えずに吉原にきたから、その厳しさには違和感を感じましたね」

おそらく遊郭の時代には、こうしたしきたりは全国各地の色街に存在していたものと思われる。遊郭から風俗に時代が移り変わる中、その多くは廃れていったが、吉原では伝統が重んじられ、受け継がれてきたのだろう。そして、そのような厳しい環境で揉まれていくうちに、吉原の女性の中に『私は吉原のオンナよ』というプライドが育まれていったのではないか。

かつては厳しい教育が当たり前だった吉原も、近年はうるさく言うと女の子がすぐに辞めてしまうため、あまり教育しなくなったと聞く。そのことは、現代の吉原の女性から特別なオーラが消えてしまったことと、無関係ではないような気がする。

【吉原・格安店で働くソープ嬢】

なつみ

世間がまだ正月モードに浸っている１月３日の早朝。
人通りの少ない吉原をひとりの女性が歩いていた。

これまで述べたように、かつての吉原は働く女性たちにとって、しきたりや人間関係などでとても厳しい環境であった。当時働いていたソープ嬢たちが特別なオーラをまとい、プライドを持っていたのも、その裏返しであろうと思う。

では、現在吉原で働いている女の子たちはどうなのであろうか？

「少し厳しく接すると簡単に女の子が辞めてしまう」と嘆く風俗店関係者は多い。

「高度なサービスを覚えるのがめんどくさいから格安店で働く」と話す女の子もいる。

昨今、格安店が増えているのもそういった事情であろうと推察でき、ボクが最近取材した吉原の女の子たちから「〝吉原の女だ〟という特別なプライド」が感じられなくなったのも、そういった理由があるからではないかと思う。

ボクは現在の吉原ソープ事情を最も反映しているのは格安店ではないかと考えた。そこで働いている女の子の話を聞けば、今の吉原の女の子たちがどのような志向を持っているのかをとらえられるのではないだろうか？

ボクは「Twitter」で発言している吉原の格安店の女の子に声をかけ、話を聞くことにした。

彼女の名前は「なつみ」という。

生活費のために風俗入り

「実家がすごく貧乏で、小さい頃からお小遣いが貰えなかったんです。お小遣いもなくてケータイ代が払えないとか、生活が辛い状況でした。風俗に入る前は通信制の高校に通っていたんですけど、『自分のお小遣いは自分で稼ぎなさい』って親に言われたんで、学校に行きながらコンビニと居酒屋とカラオケでバイトしました。18歳になったら家を出なさいって言われていたので、18歳で実家を出てひとりで生活しました。生活費を自分で確保しなければならないから大変でした。多いときで月収は20万円くらいありましたけど、少ない月だと13万円に届かない。それで19歳になる手前で風俗を始めたんです」

——その時の業種は？

なつみ（撮影：筆者）

「最初はデリヘルでした。その時は求人のサイトを見まくりました。でも、デリヘルの女の子たちの写真って、みんなかわいくてすごく細い。なのに給料がすごい安かったりするから、『これ絶対無理！　雇ってくれない』って思いました。それでお給料がまあまあで、女の子もそんなにレベルが高くないだろうなって思ったお店に『ここならいけるだろうな』って応募しました」

――風俗店の写真がある程度ごまかしているものだってことは知らなかった？

「知らなかったですね。ちょっとはあるかなとは思ったんですけど、あそこまで別人みたいな写真を載せているとは思わなかったです」

――そのお店の単価はいくらくらい？

「お給料が60分で８０００円でした」

――最初にお仕事をしたときって覚えてる？

「けっこう酷いお客さんでしたね。その時ってホテルの入り方もわからなくて、いきなりそこから躓きました。それでお部屋に入るなり『とりあえず脱いで』って。『体を見てから決めるから』って言われて。でも本当に初めてのお客さんだったから、それがルール違反だってこともわからなかったんです。で、怖いから脱ぐじゃないですか。それで無事にコースも決めてもらったんですけど、お客さんはお風呂に入りたがらないし、帰りの時間もすごく押しちゃってるのに、『大丈夫、大丈夫』ってダラダラしているし。ホントにきついお客さんでしたね」

――プレイ自体はどうだったの？

「ちょっと変態かな……くらいで、本番とかはしてこようとしなかったし、普通でしたね。私は何もしなくてよくて、全身を舐め回されるみたいな。プレイではルールをちゃんと守ってくれていたんだけど、それ以外のところがちょっと……」

――ルール以前の部分だよね、そりゃ……。

「そのあとお店の人にボロックそ怒られたんですよ。なんですぐに電話してこないんだって。かなり怒鳴られて、ホントに心が折れました。つらい仕事だなって思いました」

――そのお店には、どれくらいいたの？

「結局1ヶ月くらいしかいなかったですね。その頃にTwitterを始めて、同じ地域に住んでいて風俗をしてる女の子と知り合ったんですよ。それまで風俗の仕事をしてるのって周りに言えなくて、情報もないし、誰にも相談できなかったんですけど、その子が『お店を紹介するよ』って言ってくれたんです。『辞めな！　あんな店』って言われて、他店のことや写真のこととか色々と教えてくれて、それでお店を替えたんです」

――替わったお店はどんな店？

「60分のバックが1万2000円のお店。そこもデリでしたけど、お客さんもいい人が多くて、いいお店でしたね。ただ店長のセクハラが激しかったです。女の子が少ない店だったので、出勤しても1人か2人だったんです。お仕事が終わったら送ってくれるんですけど、車を駅の近くの暗いところに停めて、触ってくるんですよ。それもけっこうガチなやつ」

――ガチなやつって？

「服の中に手を入れてこようとするんです。冗談っぽく『ちょっと、ヤメてくださいよ』って言ったりしたんですけど、それでもヤメなくてチューしてこようとしたりして、それでマジで無理って思って、本気で『ヤメて下さい‼』って言いましたね。こちらがマジで言うと引き下がってくれるんですけど、それが出勤のたびに毎回続いて……。『紹介してくれた友だちには言わないでよ』って」

——最低の店長だなぁ……。

「それでさすがにムリって思って辞めました。それでもその店には半年近くはいたかな……。それで、その後に都内に引っ越して、ソープに勤めました」

格安店で1日12、13人の客をとる日々

——ジャンルを替えたわけだね。ソープはやってみてどうでした？

「大変でしたね。まだ10代だったから都内では働けないので、郊外のお店に通っていたんですよ。友だちの紹介で入ったお店なんで心配はなかったんですけど、本数をこなさなきゃ稼げないお店で、戸惑いましたね」

——1日に何本こなしていた？

「多い日は12～13本はこなしてましたね」

——それまでにそれだけ多くのお客さんを相手にしたことってないよね。

「ないです、ないです。その時はやるしかないって腹を括っていたから」

近年増加している激安店は、客の支払額を1万円～1万5000円程度に設定していることが多い。中には50分8500円などという店もある。そういった店は女の子へのバックも当然少ないた

め、稼ぐためには必然的に客を多くとる必要がある。激安店の1枠は最短で45分なので、10時間待機したとして最大で13枠とれることになる。安い店になるほど短い時間を選択する客が多いので、売れる子がオープンラスト（開店から閉店まで）で働けば1日12〜13本にもなる、というのはそんなに珍しい話ではない。一方、大衆店、高級店になるほど1枠あたりの時間が長くなるので、1日の客数の上限は少なくなるが客単価も高くなるので、そこまで多くの客を付ける必要もないというわけだ。

——なぜその時はソープを選んだの？

「最初は引越し費用を稼ぎたいって思いがあったから、出稼ぎで短期で行ってたんですよ。その時は1日13時間待機で働いていましたね。だから1時間に1人って計算ですよね。体力的にも相当きつかったですよ」

——でも、そういう店ってマットはないよね。

「ないです。ただ、客層はあまりよくなかったですね。短い時間のコースなのに引き延ばそうとしたり……。でもだいたい埋まっているから、押すと困るんですよ。だから追い出さなきゃいけないんだけど追い出せなくて……、めんどくさいなって思いながら接客してましたね」

——その次が今の店？

「本当はしばらく休もうと思っていたけど、働かなくちゃお金もないっていう危機感もありましたから。吉原の格安店です。短いコースのある店なんですけど、私のお客さんは100分とか余裕のあるコースを取ってくれる方が多いですね」

——100分だとソープのサービスは一通りできる時間になるよね。

「そうですね。入ったばかりの頃は、最初のお出迎えや、お客さんが洋服を脱ぐ時にアシストをするっていうのから戸惑いがありましたね。体の洗い方とかもちゃんとやったことなかったし、何から何まで不安でした。ソープをやったことあるって面接で言っちゃったから、まったく講習を受けないで入ったんですよ。前にいたお店は何も教えられないままポンって入れられて、お客さんに『こうやるんだよ』って教えてもらった感じだったから、何も知らないで困っちゃって……。それで女性講習員の人に講習してもらったんですけど、教わったことが何から何まで衝撃でした。慣れたお姉さんだとお客さんの服をスルスルスルって脱がすじゃないですか。でも私は未だにクビが詰まってしまう。体を使って洗うのも教えてもらったんですけど、たぶん全然できていないと思うし。まだ半人前だと思います」

——今のお店ではどれくらいいるの？

「半年くらいですね」

——マットとかはどう？

「今のお店はマットやらなくていいんですよ。だから全然やっていません。たぶんフロントで私がマットできないのをお客さんに伝えてあると思うので、プレイルームにはマットを置いてあるけど『やって』っていうお客さんはいないですね」

——覚えようとは思わない？

「今のところは覚えようとは思いません。『覚えちゃったほうが仕事が楽だよ』っていう女の子も多いと思いますけどね」

全国的に若い女の子を多く集める格安ソープランドは、〝最後までできるヘルス〟の感覚で遊びにくる客が多い。そういう店に行く客はマットプレイを求めないケースがほとんどだという。その結果、マットができないソープ嬢が急増しているのだ。

格安店でも100万円を軽く超える月収

——2年間、風俗という世界で働いてみてどうでした？

「こんなもんか……って感じですね。仕事って思ってやってるので……でも家族とかと連絡を取ったときとか、たまに罪悪感を感じるときもありますけどね。今は実家にお金を入れているので、キャバクラとかで働いていると思ってるんだろうなって。でも迷惑をかけてはいないので……」

——最近は出勤してないんだって？

「もう2週間くらい出勤してないんですよ。人と会いたくないって時期に入ってしまって、そういうサイクルがたまにやってくるんですよ。そういう時期は女友だちくらいにしか会わないです。飲みに行ったり映画を観たり。それ以外はずっと家にいます。今週中には出勤しようと思ってるんですけどね」

――2週間行ってなかったら今月の収入は少ないよね。ちゃんと出勤してるときだとどれくらい月収あるの？

「最初の頃は120万円くらいはありましたね。多い月で160万円いかないくらい。多い日だと1日に8人くらい付くし。8時間から12時間くらいの待機で。でも体力的にはかなりきついですね。眠くなっちゃうんですよ。それには自分でも困ってますね」

――けっこう稼いでる方だよね。そのお金はどうしてるの？

「ひたすら貯金です。でも私は働く波が激しくて、節約もしてないからまあまあ使っちゃってるし……。だからそんなに貯まってるわけじゃないですよ。1000万!? そうか……それくらい貯めなきゃ本当はダメなんでしょうね。がんばろう……（苦笑）」

――将来の夢はある？

「全然ないです。あんまり長生きはしたくないかな。だって長生きしてどうすんの？　って思っちゃいますもん。今で満足してるから。でもこの仕事はいつまでもできないから……」

店の名前を尋ねたが、なつみは執拗にそれを拒み、店名を明かすことはなかった。その後もしばらくは出勤せずに引きこもっていた様子だが、しばらくしてTwitterからも姿を消した。今はどうしているのかわからない。どこかで幸せでいてくれることを祈るばかりだ。

【カリスマ風俗講習師】

愛花

日が落ちると、店の看板に明かりが灯される。
客は車で遊びにくるからか、人通りは決して多くはない。

「風俗講習師」という仕事があるのをご存知だろうか？

風俗とは「客の男性が風俗嬢とエッチなことをする場所」だと認識している方が多いはずだ。その認識は根本の部分で正しい。が、その前提として客はお金を払ってサービスを受けているため、「満足をして帰る」ということが必須になる。そこで女の子に「客に満足してもらうために必要な技術」を教える存在が必要になってくる。それが「風俗講習師」なのだ。

たとえばソープランドには「マットプレイ」というサービスがあるが、一般女性で彼氏を相手にマットプレイをした経験がある人など、ほとんどいないのではないだろうか。あるいはフェラチオにしても技術的にとらえれば、勃たせるフェラ、気持ちよくさせるフェラ、逝かせるフェラではその手法が違う。ソープランドではそうした技術が必要なため、接客や手法などを含めて、新人女性に一から教える講師の存在が不可欠なのだ。

それでは、風俗講習師はいったいどのようにして新人の女の子を教育しているのか。

この項では吉原の高級店で長くナンバーワンの座を維持し、現役後期からは風俗講習師を務め、風俗嬢向けセミナー『風俗嬢短期大学』や、一般向けのセックスレスカウンセラー&男心の専門家としても活動する愛花さんに、風俗講習師の実態と昨今の吉原の女性の変化についてお話を伺った。

はじまりは高校時代の援助交際

――愛花さんが最初に風俗という業界に関わったのはいつ頃でしょうか？

「最初は援交だったので高校生の頃ですね。当時は援交という言葉もなかったかもしれないけど、テレクラを利用していました。親が厳しかったので、バイトが許してもらえなかったんです。お嬢様学校に通っていたので、友だちがみんなセレブなんですよ。でも私はお小遣いがないから他の子と同じようにはできない。そんな時に同級生でテレクラをやっている子がいたんです。それがきっかけで私もテレクラへ電話するようになったんですよね」

――それまでは男性経験ってあったんですか？

「1人ありました。私は2人目から〝売って〟るんです」

風俗講習師の愛花さん（撮影：筆者）

――じゃあ、援交を始める前に初体験は済ませていたんですね。
「ちょうどその時、彼が車の窃盗で捕まってて、暴……同級生だったけどヤンキーやってて、暴走族の頭だったんですよ。Hでやっと痛いのが取れて感じ始める前に彼が捕まっちゃって、そんな状態で援交を始めちゃったんですよ」
――それじゃあ、援交をしているうちに感じ始めるようになったわけですか？

「いえ、それはないです。私は最後までお客様相手に感じることは一切ありませんでした。とくに最初の頃の援交は、入れさせないでお金を貰うって決めてたんです。感じないし痛いから入れる寸前に『あ、入んないね。時間だから……』って逃げるのが得意だったんですよ。『こんな若い子の体を見れたし、舐めれたからいいじゃん』って。でも、今振り返ると何も起こらなくてよかったですね。いまだと殺されるケースもあるから……。当時は援交がブームになる前でこっそりとやっていたから、男性もビビりながら遊んでるわけですよ。だから私は何事もなくてラッキーだったなと思います」

——それで実際の風俗産業へは？

「高校の時に家を抜け出してお水をやっていた時期もありました。私は関西人だから大阪のお水のお姉さんたちのきらびやかさに憧れたんですよ。それで高校を出てから、ヘルスで風俗を始めたんです」

——入ったのはどんな店でした？

「大阪梅田の阪急東通商店街にあった『○年○組』みたいな名前の店でしたね。待合室が飲み屋のようになっていて、女の子が飲み物を出して、そこでお客さんが女の子を選んで階段を上がっていく……ってお店でした。当時はそんなお店がありましたね」

——それまではお店をまったく介在させずにお客さんと接触してきたわけじゃないですか。それがお店に在籍した時、どう感じました？

「めんどくさかったですね。ヘルスは今でも好きではない」

――そのお店にはどれくらい在籍しました？

「数ヶ月……ですね。お水と風俗を両方やっていたので、若い頃はいろんなお店を転々としました。お水でもお客さんを捕まえて体を売ったりしたら、結構いい金額が取れていたから（笑）」

――そのあとはどんな感じで風俗を歩かれたのですか？

「しばらくして東京へ出てきたんですよ。それで吉原に面接に行ったら『20歳にならないとダメ』って言われて。当時の彼が『SMの女王様だったら触られないからいいよ』って言うので、最初はSMの世界へ行きました。その頃はSMがブームで、五反田や池袋はすごく賑わっていたんですよ」

――女王様になる前に手加減を覚えるため、まずM嬢の講習をする店もあったそうですね。

「当時は軒数も多かったからか、そんなにうるさくは言われなかったですよ。私はMはまったくなしで、最初から女王様でやりました」

――そもそも愛花さんには、Sっ毛はあったんですか？

「私はもともとSMには興味がないので、仕事でやっていただけですね。〝ビシバシ〟も求められればやるけど、どっちかといったら私は寸止め作戦が得意で、当時はSMでそういう責めをやる人や色気で責める人もいなかったので結構当たって、すぐ講師になったんです。それが19歳の頃だからどっぷりはまる前に私は講師になっちゃったんですよね」

――そんな早くから講師歴があったんですね。SMの世界は趣味が高じて入ってくる人もいるけど、ギャラがいいという理由でまったく興味がなくても入ってくる女性が多いから、教えてほしいって需要は多かったでしょうねえ。

「女の子は半分くらいに分かれていました。ＳＭが好きな人っていうのは独特の世界観を持っていて、お友だちにはなれないタイプでしたね。価値観が違って私には理解できない。『麻の跡がいいの』って言われても、私には『痛くない？』っていう価値観しかない。今の時代はきれいにしているＭ女も多いけど、当時のどっぷりなＭ女って『どうしてそんな頭にしちゃったの？』っていう感じで髪を自分で切っちゃったような、ファッションセンスが全然ない人が多かったですね。まあ、その価値観の違いもそれはそれでおもしろかったですよ」

――それで20歳になったから吉原でソープデビューと。

「ヤッター！　って感じでソープデビュー（笑）。でも、実は吉原の前に池袋と新宿で働いているんです」

――池袋、新宿、吉原と、同じソープでも文化の違いはありました？

「池袋と新宿は大差ないですね。吉原はトルコ時代のお姐さんがまだいたし、技術があると〝おばさん〟でもウケる時代だったので、仕事をしっかり覚えないといけなかった。私が入った頃は『首から上は触っちゃダメよ』っていう文化とギリギリで被るんですよ。体は許しても唇は許さないっていう。私はもう現役じゃないけど、今の子たちのためにもあの時代に戻ってあげて欲しいですね」

――現役では何年くらい働いていらっしゃったんですか？

「私は41歳の時に上がったので、ソープ歴は21年ですね。風俗だと23年くらいですね」

このインタビューの時点で愛花さんは44歳。風俗嬢引退から3年の月日が経過していた。

30代半ばで本格的に講習師の道へ

――現在は風俗の講師をされているわけですけど、講師業は29歳から始めているんですよね。

「それまではお店で他の女の子に教える機会はあったんですけど、ガッツリ講師を始めたのはそれくらいですね」

――最初はお店からの依頼ですか？

「最初はそうです」

――お店を越えて講師活動をするようになったのはいつごろから？

「30歳を過ぎた頃からですね。30代の半ばを過ぎると（個人から）問い合わせがくるようになりました。実はお客さんが紹介してくれるんですよ。地方で遊ばれたお客さんがこられて、地方にもがんばっている女の子がいるから教えてあげてほしいって言うので、きてもらって教えるようになったんです。お客さんが自分の地元で応援している子に講習を売り込んでくださったんですね。私が〝一番弟子〟って言ってる子が広島にいるんですけど、その子もそうなんですよ」

講習の内容は、挨拶の仕方から服の脱がせ方、体の洗い方など接客技術全般に及ぶ。その中にはもちろん、マットやフェラなどプレイ技術の講習も含まれる。

――講師をする上でこだわっていらしゃることはありますか？

「マットの講習だと〝これだけで売れるとは限らないよ〟ってことですね。技を覚えても売れないけど評価は上がるので、〝売るテクニック〟はその時々で教えます。あと嗜好や考え方とか。

セミナーだとこれが一番大事なことなんだけど、『風俗を辞めた後に幸せになること』。私が教える〝今売れる秘訣〟を学んでおけば、辞めた後の仕事も上手くいくだろうし、結婚するんだったらご主人から愛される。『あなたが今がんばれば、あなたの未来は輝きます』っていうことがベースにあります。風俗を辞めた後の人生を応援したいんですよ。それを見せたいがために私自身が風俗以外の一般の仕事をメチャがんばっているんです。一般の世界で成功している姿をガッツリ見せてあげないと、彼女たちが夢を持てないじゃないですか」

――風俗の世界は辞めても戻ってくる子が多いですものね。

「私もそうだけど、40歳になると何をしていいのかわからなくなるんですよ。風俗の世界に長くいると、外の世界が見えないんですよね。とくに吉原って狭い村社会なので、外の世界がまったく見えない。でもいったん外に出て、こういう活動をしてみると『世の中ってこんなに広いんだ』って思った。それを彼女たちに伝えてあげたいんです。風俗の世界にいると、どうしても価値観が凝り固まってしまう。私自身、『脱げないと稼げない』って価値観だったので、初めてセミナーをやって何十万円ってお金をもらったとき、そのセミナーの主催者に思わず『脱いでいないのに、いいんですか？』って聞いちゃったくらい（笑）。私は高校生からその価値観でしたから、その感覚はなかなか取れなかった。

ゆとり世代って呼ばれている子たちって、夢が見れないって言うじゃないですか。何をしていいのかわからないっていう子がいっぱいいるので、その子たちを夢を見ることができる世界へ連れていきたい。だから私がやってることは凄く大きなプロジェクトなんです」

——じゃあ風俗嬢の女の子たちが次の世界で夢を見るためには、何をしたらいいんでしょうか？

「たとえばメイクの技術を身に着けることができれば、それを次の仕事に結びつけることができるじゃないですか。そういう可能性を教えることができたらいいなぁって。そのために、いまは生徒さんたちに自己プロデュースを覚えてもらっているんです」

——自分をいかにどう売るか……ということですね。

「わたしはずっとそれで生きてきたので。『愛花』というキャラクターもプロデュースされているんです。私のフェイスブックを見ていただければわかると思いますけど、あれは戦略の塊で『なぜあれだけ自撮りが多いのか』ということもそのひとつ。

私は美容の商品を売っているので、キラキラした自分を見せているんです。将来的にはルームウェアを展開したいので、3年後とか5年後の未来を見ながら、今の私をプロデュースしなきゃいけない。それは風俗の世界で学んだことなので、『今これを覚えれば将来的には○○できる』ということが言い切れちゃうんです。3年後は風俗の仕事をしていたとしても辞めていたとしても、どっちでもいいじゃないですか。現役の頃は忙しい、時間がないって思うかもしれないけど、私自身、振り返ると十分時間はあったと感じています。だったら今の間に勉強をしておいた方がいいですよね。

働いているときはあまり先を見ないし、体力を使う仕事だから休日はしっかり休みたいかもしれないけど『あの時にちゃんと勉強しとけばよかったな』とか、『本を一冊読んどけばよかったな』と、私も思うことがある。そういったこともお伝えできればと思っています」

講習師として教えたいこと

――初めてお会いしたのは、2014年のセックスワーク・サミットの懇親会でしたよね。そのときにおっしゃっていた「風俗で講習を受ける女の子たちはワザや技術のことばかり求めているけれど、それより先に精神面で教えてあげなきゃいけないことがある」という言葉が印象に残っています。

「お店に頼まれて講習するとき、私は最初に1時間、女の子と話すんです。『プロ意識とは何たるか』っていう話から始まるんですけど、お店に言われて講習を受ける子だから、やる気がない子が多いんです。だけど地方の子とか、わざわざ違うお店からきたような子は、そもそもモチベーションが違う。もっと指名をとりたい、このワザを覚えたいって思うから真剣に取り組むんです。だから、まずは女の子の意識を変えなきゃならないって思うんですよね」

——これまでボクは多くの風俗嬢を取材してきましたが、稼げているかどうかの差は、たしかにモチベーションとリンクしているような気がします。

「稼いでる子ってキラキラしてますよね。仕事が楽しいっていうし。稼いでない人たちってオーラが暗いですよね。なんかどよ～んとしてて、楽しくないんだなっていうのを明らかに感じる。でも愛か、夢か、お金かで話を突き詰めていけば、モチベーションは上がるんです。目的が〝彼〟なら『こういうことを覚えればラブラブになれるよ』だし、〝夢〟がある子だったら、『これを覚えれば夢を叶えられるよ』だし、〝お金〟が欲しいなら『これをやったらもっと稼げるよ』っていう。

それを見抜いて突っついてやると、女の子も楽しくできる方法が見えてきて、エネルギーが湧いてくる。『じゃあ、あれをやってみよう。これをやってみよう』と前向きになる。そうして覚えたことをやってみると、お客様の反応が変わるじゃないですか。そうするとますます楽しくなるから、勝手にランキングに入っていくんです。

その代わり、ナンバーワンになった女の子はモチベーションが下がるんですよね。そこまでがんばって夢を達成しちゃったら、今度は孤独との戦いになる。孤独に耐えられなくなるとモチベーションが下がる。その子たちは上げてあげられないので、『自分でどうにかしてください』ですよね。だから2番とか3番くらいがラクなんです。ランキング入ったって喜んでるくらいの子の方が、生き生きしていますよね」

売れてる子は割高になる飲食店

――ところで、愛花さんから見た吉原という街はどういう街ですか？

「好きな街でしたね。私は江戸時代が大好きだし、遊郭が好きなので、歴史が残っている街という印象があります。でも負のオーラはすごいですよね。私が感じるのはみんなが出勤するお昼と、あと午後2時半くらい。みんなの出勤したくないモードのオーラが、街全体をどよ～んとさせている気がして、それくらいに重いような気がするんですよ。でも帰りの時間の午後10時半ごろは、みんな生き生きしてるの（笑）。お金持ってるなって。そういう意味では面白い街ですよね」

――吉原でよく行かれた飲食店ってあります？

「ありましたけど、どんどん潰れていますよね。いまは受付終了が10時半とかになっちゃったじゃないですか。昔は勤務明けに女の子同士で食べに行くなんてことが結構あったと思うんですけど、いまは女の子もバイトが増えたし、お姐さん同士の交流も減っちゃった。上下関係がわからない、ゆとり世代が増えたっていうのも理由のひとつかもしれませんね。以前は『この子は高級店の子だな』と思うとぼったくる飲食店もあったけど、今はそういうこともできなくなっちゃってるから稼げないんでしょうね。中には〝レシートを見せて〟ってチェックしていた女の子もいたけど、それが〝かっこう悪いこと〟だったりもするから、高い値段を提示されてもみんな普通に払っていたんですよね」

――生き馬の目を抜くようなところもあったんですね。

「でも昔のお姉さんたちって、その高いお値段で後輩の分まで払うのがかっこいいっていう時代だったから。今みたいな『ワリカン』ってのもなかったし」

――関西の一部のソープでは今も聞くことがあるけど、以前はお店のボーイさんたちのボーナスを女の子たちが供出していたんですよね。

「昔は吉原もそうでしたね。だいたいお店の金額ですよね。8万円のお店なら1人の女の子が出す金額も8万円とか。3万円の店なら3万円とか。それを夏と冬と年2回。たまに年4回のお店もありましたね。でも最近はあまり聞かれなくなりましたよね。女の子もシビアになったし。以前は払うのがステイタスって時代だったけど、変わってきちゃったしね。そういった風習がなくなったのも、バイトの女の子が増えたからじゃないですか。昔のようなレギュラーの子ばかりならいいけど、バイトの子とか週1回しか出てこないのにボーナスとか払ってられないですよね」

講習師としてのこれからの夢

――これから愛花さんが更に手掛けていきたいことはどんなことなんでしょうか？

「風俗嬢短期大学は、女磨きのスクールなんです。いまは〝卒業コース〟を作ればいいなって考えていますね。一般の方でやっている仕事がうまくいったら、それを会社化してプロ集団にしたいんですよ。お金の管理は風俗業界の人よりは別の人にやってもらう方がいいと思うけど、それ以外の仕事はそれぞれ長けている子がいると思うので、〝卒業コース〟の子たちに道を拓いてあげたいんです。

あと、子どもがいる人やダンナに内緒で働いている人は、お給料の支払い書などで苦労しているじゃないですか。そういう人を守るために、1週間だけバイトにこられる環境を作ってあげるとか、そういう会社ができればいいな、というのが大きな夢としてありますね」

――風俗業界に講習師やスクール、セミナーが増えました。それについては愛花さんはいかがお考えですか？

「私がこういう活動を始めてから、講師を目にする機会が増えましたね。でも、どういう人が教えているのか、ふたを開けてみるとキャリア5年未満で売れた人たちがやっていて大丈夫かなと思うことがあるんです。攻撃する気はないからその人には言わないけど、5年以下で売れてるってことは若さで売れてるってこと。風俗の本質がわかっていないのに『こういうふうにするといいよ』って教えるのは、ちょっと違うじゃないですか。最低でも5年は現役で働いていないと。風俗講習師がこんなに増えていいのかなという気はしますね。

そもそも風俗講習師って、それだけで食べていくのは難しいんです。風俗はこれからなくなっていくし、プロよりも素人がウケる時代になっている。教える先生の数って、そんなにいらないですよ。私は一般の女性向けのセミナーや物販もしているからやっていけているけれど、風俗嬢だけだったらビジネスとして厳しいものがある」

――素人がウケる時代になったことに対して、愛花さんはどのように思っていますか？

「男性が弱くなったなと思っています。そのことは、私が現役の頃から感じていました。素人を好むのは男が弱くなって、プロのお姐さんだと負けそうだと思ってしまうからじゃないでしょうか。昔は『Hを教えてください』っていうおじさまや、かわいいお兄ちゃんがきていたけれど、いまはお客さんにテクニックを教えようものなら、ネットの掲示板なんかで叩いてきますもんね。

私たちが若い頃は楽でしたね。『そこじゃないよ』とか、『それは痛いからこうするといいよ』とか、そういうことが言えたし、『初めてだから学んでこい』って、お父さんや親戚のおじさんに連れられてきた若い男の子たちにもいっぱい会ってきたけど、最後の方はそんなの聞かなかったですものね」

――せいぜい会社で上司に連れられてきたくらいですかね。

「そうそう。それくらいですよね。だけどテクニックを教わってこいとは言われないですよね。だから男は弱くなったし、しょうもないプライドを持つようになっちゃったんですよ。それに風俗が『セックスが下手な人をどんどん増やす産業になった』と思うって、一般の人にはいつも言っている。『ごめんね。下手な人を増やしてるのは私たちだから』って。いまは接客しているとき、『うま～い』とか『すご～い』って言わなきゃいけないでしょう？　昔は『もっとこうした方がいいんじゃない？』とか『こうした方が女の子が喜ぶよ』って言えたから『上手い人を増やしていた産業』だったんですけどね。今の風俗はなんかもったいないなと思う」

――ボクが若かった頃は客に触り方や攻め方を教えてくれる嬢は結構いましたけど、今はヘタな攻めに痛くても我慢しちゃう子が増えましたよね。

「今は『セックスが好きです』って言ってる女の子が増えたのには驚きます。私はお客さんで感じたことがないから、そんな子がうらやましいです。それが言えちゃうってことは、素で接客できるってことでしょう？　私は指をピクって動かすのまでが演技だったから疲れますよ。Hが好きって女の子はそのままイケるんだもの。いいねって思っちゃう」

――メンタルが病んでる子も目立ちます。

「メンタルが弱ってる女の子の割合自体は、今も昔も変わらないんじゃないですか。光を浴びない世界なので病むのはしょうがない。ずっと部屋に閉じこもってるし、かびだらけの部屋だしね。デリよりもソープの方がずっと病んでる子が多いですよ。デリはまだ外に出る機会がある。ソープだと休みの日は疲れて家の中にひきこもりでしょう？　そら鬱になるよねって。それに女性って女性を比べるから。それもすごいくだらないことでね。人にあって自分にないところを探して、勝手に落ち込んでしまう。そういう点は昔も今も変わらない。

それでセミナーもドタキャンをする子が多かったりするんですよ。今回のスクールでも途中でこなくなった子がいたし。お金払ってるのにもったいないよね。私はフルにスケジュールを入れるよ

「風俗嬢短期大学ではメイク、巻髪、その人が似合うカラー診断、男心、しぐさ……などを先生方にもきてもらって教えています。第一印象を上げろっていうのがベーシックにあって、年に1回アドバンスをやろうと思って、個性心理学とかブログの書き方とかも取り入れて、ベーシック講座にきてくれた子たちを更に教える講座を作ろうと思っています。

講座を終えた子には免許書みたいな感じの卒業カードを渡しています。10年後くらいにそれをお店に見せたら『女性的なものを勉強しているんだな』と思って採用してもらえる……。そういうところまで風俗嬢短期大学を大きくしたいですね。そして卒業後の道を作ってあげたい。勉強した内容を逆に教える立場になったりとか、授業の中で興味を持った分野のプロの道に進んでいくとか。風俗はもともと怪しい世界なので、怪しく見られないようにはしたいですね。私がセミナーを学校という形にしたのは、そのためなんです」

愛花さんはとてもクレバーな戦略家である。

最近は辞めるに辞められず、いつまでもズルズルと風俗で働く女性が増えている。その中には、風俗で働いているのに思ったよりも稼げていないという女性も少なくない。

どうすればその暗いトンネルから抜け出すことができるのか。テクニックや技術だけでなく、心を教えるという愛花さんの取り組みは、答えを見つける手がかりのひとつになるかもしれない。

今後の愛花さんの活動に期待したい。

【コラム2】 〝NS〟という名の闇

2017年初頭、ある日の深夜に電話が鳴った。

電話の主は、東京の隣接県で働くソープ嬢の「秋子（仮名）」。33歳でソープ歴が15年のベテランである。現在は客である会社経営者と結婚し、2人の子どもを持つ。自分がソープ嬢であることを、ご主人はもちろん、両親や子どもにもオープンにしている開放的で明るい性格の女性だ。

しかし、この日の電話の声はいつになく深刻で、暗いトーンだった。

「吉岡さん、私、吉原で〝NSデビュー〟することにしました」

〝NS〟とはソープ用語で「ノースキン」を指す。つまり避妊具を着用せず、〝ナマ〟で客とセックスすることを意味している。

昭和50年以降、ソープランド（当時はトルコ風呂と呼ばれていた）のサービスは手コキから本番へと移行していくが、そもそもソープランドでの本番サービスはノースキンがデフォルトであった。

業界全体で大きな動きがあったのは、１９９０年代に入ってのこと。１９９１年にエイズの国内感染を受けて、神奈川県川崎市の堀之内特殊浴場協会が加盟店全店に衛生用品（コンドーム）の着用を義務付けたことがきっかけで、全国のソープランドが徐々にＮＳからスキン着用へとシフトしていった。関東でも、神奈川県の川崎や横浜、埼玉県の西川口や大宮といった地域は、一部の店舗を除き、着用が主流である。高級店はＮＳ、大衆店は着用という地域も多い。

しかし、吉原はその流れに追従しなかった。高級店はおろか、２万円台後半から4万円の大衆店でも「女の子の自主性に任せる」との名目で、ＮＳを続けたのだ。

秋子の話は続く。

「主人が病気で倒れてしまい、今の店の稼ぎでは支払いが追いつかないんです。出稼ぎで荒稼ぎしてくるつもりで、しばらく吉原へ行ってきます」

女性がＮＳの店を選ぶ理由は、〝稼げる〟からだ。エイズや梅毒などの性感染症リスクを指摘されても、ＮＳで遊びたいという男性客は吉原まで足を伸ばし、ＮＳで遊べる店・女の子を選ぶ。「吉原＝ＮＳ」という風潮があるため、ＮＳができる女の子はスキン着用を選択する女の子よりも稼げる傾向にあるのである。

数日後、再び秋子から電話が入った。

「これまでも信頼できる指名客を選んでＮＳでやったこともあるから、私はＮＳでやっていけると自信がありました。しかし、いざ出勤して『今後はお客さんを選ばず、すべてのお客さん相手にNSで接客しなければならない』と考えたときに、足がすくんでプレイできなくなってしまいました。店長に事情を話したら『決心がついたらまたおいで。待ってるから』と言ってもらえたんですけど……。私にはNSは無理でした。もういちど今までの店に戻ろうと思います」

NSにアレルギー反応を示すソープ嬢は多い。性感染症への感染リスクを危惧するのはもちろん、客と粘膜で直接接することに嫌悪感を抱く女の子も少なくない。

秋子もこのまま吉原で働くことは諦めるのだろう、とボクは思っていた。しかし、これまでと同じ店ではやはり稼ぐことはできない。秋子は意を決して、再度、吉原の店に出勤した。その日の夜、秋子はまたボクに電話をかけてきた。

「いままでの店だと、1日2本が関の山だったけど、今日は6本も付いたんです。手取りも吉原の店の方がいいし、これなら支払いも済ませられそうです」

だが、運命のいたずらは秋子に再度試練を与えた。店に提出する最初の性病検査で、クラミジアの陽性反応が出たのだ。原因は客ではなく、プライベートな男性関係（浮気）だった。当然、出勤停止になるだろう……、秋子は検査結果に落胆したが、店から返ってきた反応は意外なものだった。

「クラミジアなんてたいしたことない。女の子が足りないから出てくれ」

ここで秋子は知り合いのスカウト2人とコンタクトを取る。1人は川崎・堀之内を本拠地とするスカウトで、もう一人は吉原を含む東京全域を地盤とするスカウトだ。

堀之内のスカウトは秋子の話を聞くと、「NSなんてあり得ない。そんなリスクの高い店はさっさと辞めて、堀之内にこい」と言った。東京のスカウトには「クラミジアなんて問題ない。店が出てこいというなら、ちゃんと出勤してしっかり稼いでこい」と発破をかけられた。吉原全体がそうだとは言わない。しかし、店舗の中にはこれほどまでに性感染症に対する意識が低い店があるのも現実なのである。

その後、秋子にとって決定的な事態が起きる。同じく吉原に勤める親友の梅毒感染が発覚したのだ。それを機に、秋子は吉原で働くことをあきらめ、移籍先を探して地元に帰っていった。

春海（撮影：筆者）

吉原のソープの中にはNS対応の女の子はむしろ売りであると考える経営者もいる。そんな店のホームページの在籍一覧を覗いてみると、女の子のプロフィール欄に明らかにそれとわかるマークが付けられていたりする。

そうした店で働いている春海（仮名）に話を聞いた。

「私はそれまで少しだけ吉原で働いた経験が

あったのですが、しばらくお休みをしていたんです。それで吉原に復帰しようと思って、いま在籍しているお店に電話をしたら、電話に出た担当の方から『うちはNSできる子しか取らないよ』って言われました。いろいろ考えたけど働けるならって思って、お世話になることにしたんです」

吉原がスキン着用に向かわなかったのは、この町が陸の孤島であることと無関係ではない。吉原という地名は聞いたことがあっても、それが東京のどこにあるのかわからない人が大勢いる。付近に鉄道駅が存在しない、不便なこの街に客の足を向かわせるためには、世間の流れに逆行してNSを選択するほかなかったのかもしれない。

だが、ソープ嬢が安全に働くためには、リスクの軽減は不可欠である。それは客が安心安全に遊ぶということとイコールであるとも思う。吉原の中にも性病検査の徹底やコンドームの着用を訴える人がいるとも聞く。今後吉原のNS問題がどのように推移していくのか、注目したいと思う。

【吉原・ソープランド某大衆店】

―店長

店頭に立つソープランドの男性スタッフ。条例で禁じられているため、
かつてのような強引な客引きは見られなくなった。（※本稿と写真の店舗は関係ありません）

歴史ある色街・吉原の主役はあくまで女性であるが、されどこの街は男社会である。現代において店長やスタッフの職に就く女性は少なくはないが、ほとんどの経営者や店長、ボーイなどのスタッフは男性で、男性的価値観のもとに店も街も構築されていったからである。

ボクは取材の過程で店を支える男性スタッフの方々にもお話を伺った。この項でご紹介するのは吉原のソープランドの中でも大衆店に属するお店で店長を勤めるIさんである。

若者の風俗離れ、２０２０年の東京オリンピック開催問題など、逆風が吹く中、お店の責任者である店長はどのような考えを持っているのだろうか。

蹴りが飛び交う理不尽な世界

――Iさんはどのような経緯で風俗に関わるようになったんですか?

「もともと俺は神奈川県の藤沢市でスロプロ（パチスロのプロ）をやってたんですよ。その前にもいろんな仕事をしてたんだけど、地元で知り合った方から『デリヘルでもやってみたら?』って話をもちかけられたんです。その頃は風俗の〝ふ〟の字も知らなくて、たまたま東スポに載ってた求人広告を見て、『ソープもデリヘルも一緒だろ』って考えて、吉原のソープランドの面接を受けたのが最初です。働きだしてから〝ぜんぜん違うものだ〟って気づきながらも、仕事にハマっていったというか、ずるずるとね。今年（２０１６年）の12月で11年目になります」

――実際に働いてみてどうでした？

「当時はすごい理不尽な世界だった。それまで経験したことのない職場の雰囲気。『馬鹿野郎、この野郎』は当たり前だし、普通に蹴りも飛んでくる。悪く言えば、ヤクザ社会。それに似たような職場だったね。とにかくガラが悪かった。いまは全然変わったけどね」

――東スポの募集要項にはなんて書いてありました？

「僕がきた当時の初任給は30万くらいだったかな。給料に関してはうちはしっかりしていたから、嘘は書いてなかった。基本給が30万円で皆勤賞が３万円。そこがスタートだったかな。引かれるのは所得税だけ。休みは月に３日。勤務時間は当時は12時受け（深夜12時まで客を受付けること）だったから13～14時間くらいはあったんじゃないかな。一番ビックリしたのは寮。共同部屋に住むっていう経験をしたことがなかったので、あれにはびっくりしたね」

――寮は何人部屋だったんですか？

「２部屋あって、１部屋に２人ずつ。うちのグループの中でもいちばん広くて綺麗な寮に運よく割り振られた。いまから思えば、恵まれていた方だったのかもね」

――最初はボーイさんからのスタートだと思うのですが、具体的なお仕事の内容は？

「雑用だよね。お部屋のセットとオーダー（飲み物など）の給仕、リネン袋の持ち運び。うちの店は建物のつくり上、タオルを詰め込んだ20キロぐらいの袋を屋上まで運ばなくちゃならないんだよ。マジでキツイよね。足のふくらはぎはパンパンになって、靴下が履けなくなる。上のゴムのところをハサミで切って折りたたんで、2枚重ねで履いていた。当時のお店の床はコンクリートの上に絨毯をはりつけただけで、ガチガチだったんだよ。痛み止めをガブガブ飲みながら仕事をしていた。それに耐えられずに辞めていくやつらは腐るほどいたね」

——Iさんと同じ寮だった人はほかに3人いましたよね。その人たちもいなくなったんですか？

「俺の入った寮は入れ替わりが早かったね」

——当時のスタッフは全部で何人くらいいたんですか？

「この店だけだったら、7人くらいいたんじゃないかな。人がいないから俺が入って、3ヶ月ぐらいであれよあれよとポジションが上がって主任になっていた。遅番のマネージャーが店を飛んじゃったので早番のマネージャがそっちへ行って、早番の責任者に俺がなったんだ。それから半年か1年くらいして、店の早朝の売上が10倍くらいまで上がった。それで会社からガタガタだった系列店に責任者で行かないかという話があって、そっちに移ったんだよ」

——売上が10倍に上がったのは、何か施策をされたのですか？

「女の子が全然いなかったから増やした。あとは、その当時のお客さんのほとんどが『Oグループ』の遅番スタッフで、あいつらがお客さんとしてきてくれるようになってから、ドンと売り上げが上がったよね。恥ずかしい話だけど、それまでは1日の客が1人とか2人が当たり前の状況で月の利益が30万円とか40万円しかなかった。俺がその店を抜けるときは、月の利益は300万円近くはあったね」

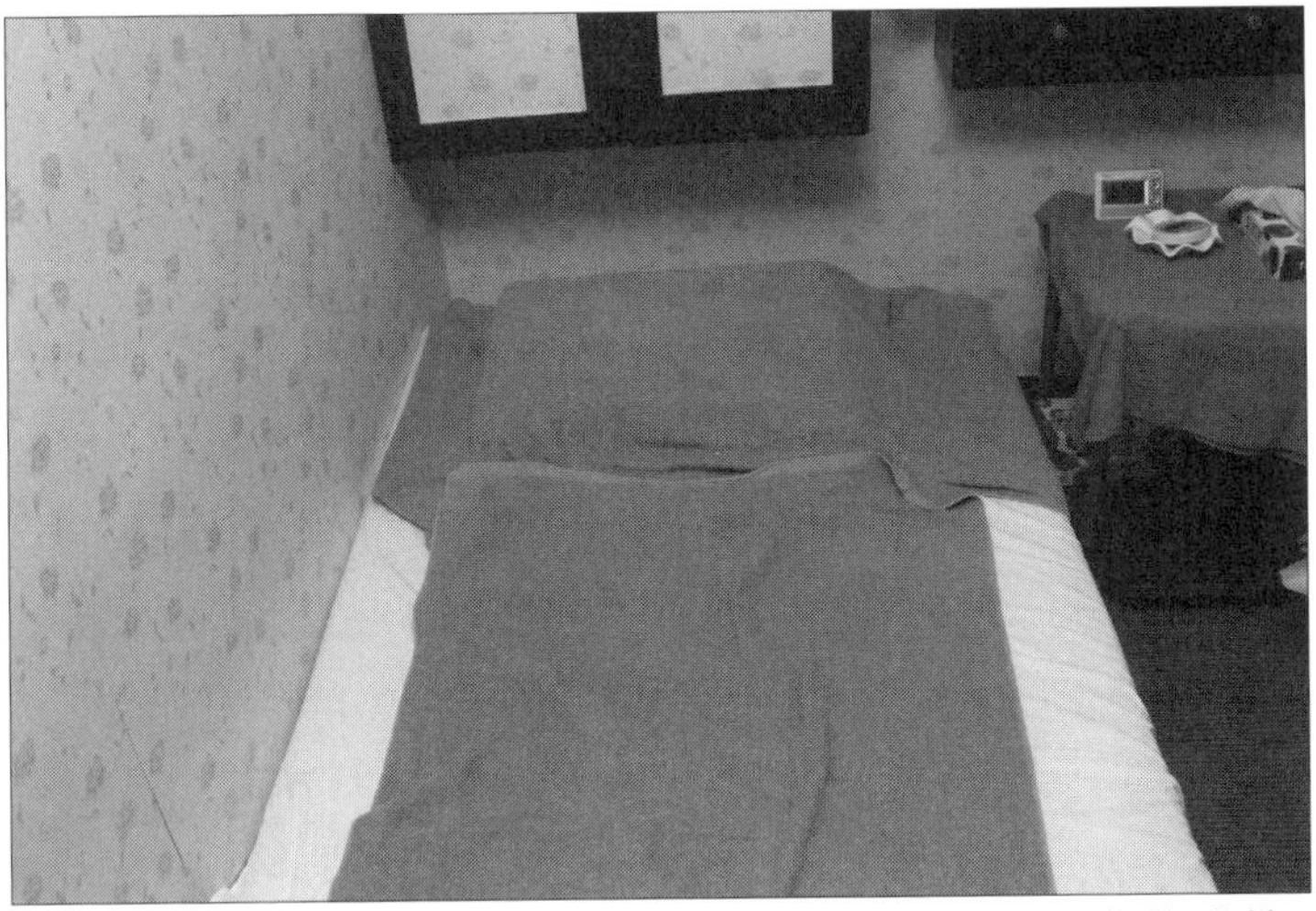

ソープランドの個室にあるベッド。ベッドメイキングもボーイの重要な仕事（撮影：著者）

――移ったときは店長待遇で？

「最初はマネージャーみたいな感じで行って、半年経たないくらいで、店長制にしようという会社の判断で店長になった」

――その時は3店舗でスタッフは何人くらいいましたか？

「20人くらいはいたと思うね」

毎日の清掃で足がボロボロ

――フロント業務や送迎など、ボーイさんにはいろんな仕事がありますよね。Ｉさんが一番つらかった仕事って何ですか？

「やっぱり清掃じゃないかな。3時間とか4時間も個室で掃除をしていると、カビキラーとか洗剤で手が真っ赤っ赤になるんだよ。足も荒れてボロボロになるのが一番イヤだったな。ベッドなどのセットはお客さんが続いているときはスタッフがやる。続いてないときは女の子に自分でやってもらった」

――掃除は何人くらいでやるんですか？

「土日は忙しくて部屋の掃除なんかしていられない。月曜から金曜までは2部屋ずつ、1人か2人で交代でやったね」

――それは営業が終わってから？

「平日は日中に済ませるようにしていた。当時、日中はスタッフが6人ぐらいいたから、そんなに忙しくない日は1人をすぐに掃除に上げちゃうんだよ。今は勤務時間をぴっちり切るようになったけど、昔は夏場は朝3時半くらいに店に入って、帰るのは夕方の5時半くらい。15時間労働だよね。遅番は午後1時から翌日の午前4時までとか。当時は午前0時までお客さんを入れていたし、そこから140分なんてことが平気であったからね。遅番と早番は固定で、交替はなかった。

理不尽だったのが、タイムカードを押し忘れたら半休扱いにされたこと。遅刻を1回でもやると皆勤賞の3万円が付かないから、半休扱いにしてもらった方が得だよね。だから遅刻しても『タイムカードを押し忘れた』って、半休扱いにしてもらうことはあったね」

――一番楽しみにしていたことは何ですか？

「寮に帰って、何人かで集まって1杯やるのが楽しかったな。ワケありのヤツばっかり集まっているから、いろんな話が聞けたり……。傷の舐め合いじゃないけどね（苦笑）」

——今まで出会ったスタッフの中で、一番すごい過去を持ってる人ってどんな人でした？

「どうだろうなぁ……元ヤクザなんて腐るほどいたしね。忘れられないスタッフってのは、俺はいないけどなぁ……。なにしろ多すぎるよね」

——ザックリでいいですけど、10年間で何人くらい？

「200人は軽くいるんじゃないの？　この業界に慣れてないときは、そういう飛ぶ……黙っていなくなっちゃうっていうのは経験したことがなかったし、驚くことはいっぱいあったよ。

店長になるとスタッフの面接は自分でしなくちゃいけないんだけど、ポケットに数十円しか入ってないヤツがくれば、やっぱりかわいそうだから1万円を自腹で渡して、『銭湯に行って風呂に入って、髪を切って小奇麗にしてこいや。スーツは俺のをやるから』って。それで、半べそかきながら『明日、絶対にきます』なんて言ってて、こないヤツなんかいっぱいいるからね（笑）」

——（苦笑）。

「きたと思ったら、俺のスーツを着て1日仕事して、それでいなくなっちゃうヤツもいるし。イヤって言うほどそういう経験をしたよ」

面接では将来性は見抜けない

——面接をしていて『コイツ残るな、伸びるな』っていうのはわかります？

「う～ん、わからないね（笑）。こいつは伸びてマネージャークラスになって、俺の片腕になるんだろうなって思うヤツも、やっぱり持たないね」

――今いるスタッフで在籍年数が長い方は面接の時、どんな感じだったんですか？

「Kというスタッフが長くいるけど、最初面接にきた時、他店のスタッフだったんだよね。即決はできないけど『俺は一緒に仕事をしてみたいから、1週間くらい待っててよ』って帰して、うちの専務に頼んで『入れてもいいよ』って返事を貰って、先方のお店に電話してきてもらった」

――男性スタッフの引き抜きってあるんですか？

「うちはないね。でも、うちから引き抜かれたヤツは腐るほどいる。嘘ついて女の子をごっそり連れて辞めたヤツもいるし。そんなのは日常茶飯事だよね」

――問題を起こしてお店を辞める人もいますよね。たとえば店の売上金を持ち逃げしたりとか。驚くのがそういう人がすぐ隣の店でボーイをやっている、なんてこともありますよね。あれ、何の文句も言わないんですか？

「基本的には言わないよね。実際、店の車をぶつけて、修理代を払わないで飛んだヤツがそこら辺にいるけど、めんどうくさいし、揉めてもしょうがないしね。うちではよっぽどの金を持ち逃げしたってのはないから」

――だいたい「こいつは店とトラブルを起こしたヤツ」ってのはわかるじゃないですか。

「他店で悪いことをしたヤツの情報は入ってくるし、ウチのスタッフが移るときに聞かれることもある。『そっちにいた○○さん、何で辞めたの？』って電話がかかってくるよ。女の子が移ったときも電話がある。『指名を取れるんですか？』とか。逆に俺も仲のいい店に聞くこともあるし」

――女性の面接も店長がやるんですか？

「マネージャーや主任もやる。入店して3ヶ月で主任になった頃には、俺も面接をやっていたね」

東大を出た従業員もいた

――以前と比べて男性スタッフに変化はありますか？

「すごく変わったよね。ゆとり世代の子もいるけど、最近は荒っぽいのが少なくなった。どちらかと言うとひ弱というか、人当たりのいい人が増えた気がする」

――グループで一番若い人はおいくつですか？

「26～27歳のやつだと思うな」

――なんでソープランドの従業員って、比較的年齢が高いんでしょう？

「吉原はなんだかんだ言って風習やしきたりがあるから、若いともたないんじゃないかな。キツさもあるんじゃないか」

――仕事の質とかは昔も今も変わらない？

「変わらないけれど、勤務時間はキッチリ短くなってる。東京都の賃金水準も変わってきてるから、昔に比べれば給料は高くなってるし、休みも多くなってる。変わったと言えば、税金かな。これまで俺ら風俗スタッフの旨味って、税金面の緩さにあったと思う。給料から所得税は引かれるけど、住民税は払ってないし、国民健康保険だって収入に見合った額を払っているヤツなんていなかったわけだよ。

でも、マイナンバーが騒がれ出してから、事情が変わってきた。現に俺なんかそうなっているから、これが下の者に浸透していったとき、どうなるのかという不安はある。一部の人間だけ払っていて、一部の人間は払っていないってのは、やっぱり不公平だからね」

――普通の仕事よりも収入はいいじゃないですか。「一発当ててやる」っていう若者とかきませんか？

「くるけどもたない。『いくら貰えるンスか？』とか『出世すれば給料上がるんですか？』なんて言っているヤツは、いざ仕事をさせてみると大したことがない。根性がないからすぐに辞めちゃうよね」

――逆に「あまり望んでいません」って人の方が大成するんですかね。

「根が真面目な人は長続きする。余計なことをズルく考えないから。職を転々としているヤツって、『ここはキツすぎる』って思うと楽な方、楽な方に行こうとする。だから、すぐに辞めちゃうんだよ」

――高学歴の志望者はいますか？

「最近増えたね。この間も『元警察官』って人が面接にきた。『なんで警察官を辞めちゃったの？』って聞いたら、『休みの日に飲酒運転で事故を起こしちゃったから』って（笑）」

――これまでで一番学歴が高かった人は？

「先日、誰かが東大出身だって騒いでいたな。でも、そいつももう辞めちゃったけどね。普通に一流大学出の人もたまにくるよ。面接していても聞いてくることが違うよね。でも、そんなヤツをいきなり汚い寮に突っ込んで、オッサン連中と共同生活して仕事しろって言っても多分無理だよね」

――それだと18歳とかの若い子の方が続きそうですけどね。

「最初だけなんだよ。余裕がない業界っていうのはどこもそうかもしれないけど、じっくり仕事を教える時間がない。1日1日が厳しいから、下の子に仕事を任せるより店側がパッパパッパと回しちゃう。そうすると従業員は『言われたことだけやってりゃいいや』って感じになるよね。そんな状況だと、仕事を面白いと思えなくなるかもしれない。人を育てるってのは、ホント大変だよ。

かと言って、昔みたいにポストにどんどん空きが出て、トコロテン式に上にあがれるかっていうと、いまはそんなことはない。物事には順序がある。たとえば主任なら俺らがいない時間に、店を守れるようにならなきゃならない。マネージャーになったら女の子の講習をしたり、店から予算をもらって営業をしたり採用をしたりする。そうやって段階を踏んで育てていくんだよ。それで『あそこの店舗が空いたから、うちの会社でやるぞ。お前、行ってこい』って、そういう人間を作っていかないとグループ的には回っていかないしね」

ソープランドは暴力団などの非合法組織が経営していると想像しておられる方も多いのではない

だろうか。かつては実際に暴力団直営の店などもあったそうだが、風営法や暴対法によってそういう店はほぼなくなった。

現在は、大部分の店は店舗ごとに法人化されており、経営母体がどのようなものであるかは、表面から見えづらくなっている。経営母体は実質的に持株会社と化しており、株式を保有することで、各店舗を支配する。風営法では店舗の経営権の譲渡を認めていないので、店舗の経営権を流動化させるための措置であろうと考えられる。Ｉ店長の語る『あそこの店舗が空いたからうちの会社でやるぞ』というのは、グループが空いた店を所有する会社の株式を買収して傘下に迎えるという意味なのだ。

――吉原全域に言えることですけど、店舗の責任者ってあまり変わらない印象があります。

「変わんないね。まあ居心地がいいっていう部分もあるのかもしれないね。だって40歳過ぎ、50歳くらいの人たちって結構多いでしょ？　その人たちがポンと辞めて、またどっか行ってイチからスタートしようなんて、そんな気にはならないんじゃないかな。定年もとくにないしね。うちにも1人、60歳を過ぎてる人がいるよ。少し耳が悪くなっていて、言ってることを理解するのに3テンポくらい遅れてるけど、がんばって働いているよ」

吉原の女はケロっとしている

――風俗で働くようになって、風俗に対する見方は変わりましたか。

「だんだん心が痛まなくなったよね。たとえば自分の彼女がこんなところで働いているなんて、もし知ったら何とも言えない気持ちになると思うんだけど、今は『全然いいんじゃない』みたいに変わってきたりとか（笑）」

――変わった原因ってなんでしょう？

「女の子だね。吉原で働く子は〝ケロっと〟しているから。『そんなもんなんだ』って思って」

――トラブルか何かでお客さんと揉めることもあると思うんですけど、そういった場合は現場のトップが対応するんですか？　それとも主任とかマネージャークラスが対応するんですか？

「うちは社長が出るようなことはないね。ほぼ店長ですよ」

――今までつらかったトラブルってあります？

「うちの店に向島のヤクザの若頭が遊びにきた。で延長のオーダーが入ったんだけど、後ろがつかえていたから断ったんだ。そしたら、その男が部屋から下りてきてフロントで騒ぎ出しちゃって、金を返せって暴れるんだよ。どうにかその場を収めて会社に報告したら、『とにかく警察に被害届けを出せ』って言われた。それで被害届けを出したら、3、4日経ってからかな、またその男が遊びにきたんだよ。まずいと思ったのか、ちょっと変装をして。それで前と同じ子を指名したから、「1時間待ちです」と伝えて、男が控室で待っている間に警察に電話をした。そしたらすぐにマル暴が車3台くらいでバ〜っとやってきて、男を捕まえたんだよ。

男は『とにかく示談してくれ、示談してくれ』って色々言ってきたんだけど、一切応じなかった。結局、迷惑料はいらないから、遊んだときの最低料金と『ウチのお店には一切出入りしません』っていう誓約書を書かせてチャラにしたんだよ」

——女の子がトラブルを持ってくることはないですか？　たとえば、借金を背負って逃げてきて、それを追ってきた借金取りが店にきたりとか。

「そういうのはないけれど、変わった子はいたよね。7年くらい前に、驚くほどキレイな子がきたんだよ。スタイルも抜群だし、脱がしたらすごいんだろうなと思ったら、全身アザと火傷の痕だらけ。髪の毛に使うアイロンがあるでしょ。あれで挟まれているんだよね。彼女は自分でやっているって言っていたけど、そうじゃないと思う。店にいるときは『ちょっと電話してきます』って近くの公衆電話に何度も行くし、挙句の果てに『いま付いたお給料をすぐに下さい』って。たぶん、男がきてて渡しているんだろうな。まあ、あの子はイッテたね」

——Iさんのお店って変わった子が多そうですね。

「たぶんね。普通じゃ絶対に面倒を見ねえだろうって子でも採ってきたから。こないだも飛んだ子がいるんだけど、他所でもたなくて、またうちに出戻ってきたりとか。そんな子がいっぱいいるよ」

伸びる女の子の特徴

――女性の面接をやっていて、この子は伸びるなってのはありますか？

「それはあるね。『間違いなくこの子売れるな』って思った子は、９割方売れる。共通点は〝一緒にいてドキッとする子〟だね。たとえば、俺はぜったい女の子を車の助手席に座らせないんだけど、後部座席からシートを掴みながら前のめりになって喋る子とか、対面で話していると身を乗り出して話をする子とか、なんとも言えない色っぽい雰囲気を出せる子とか。そういうのは間違いなく売れる。

ヘンに媚びていないから、お客さんも嫌な気持ちに全然ならない。そんな子はちょっとくらいかわいくなくても、太っていてもまず売れるね。指名は取れる」

――売れている子の特徴を売れてない子に教えてあげたりはしないんですか？

「基本的に『私、アンケートの結果がなんでこんなに悪いんですか？』とか、『指名を取るのにどうしたらいいんですか？』とか、聞いてくるような子には教えるけど、聞いてこない子には一切教えない。首根っこを捕まえて『こい、なんだこれ⁉』って怒って教えたところで、やらない子はやらないから。そういう子は『もういいや』って、だんだん干していって辞めさせるね」

――女の子を面接していて、逆に「この子はダメだな」っていう子はいますか？

「面接には『今日から働きたい』『今日いくら稼げますか？』ってくる子が多いけど、『今日の携帯代が払いたい』とか、そんな感じできた子は絶対使わないね。

体入（体験入店）希望なんですけどって子はどんどん呼ぶけど、きっちり段階は踏ませてもらう。

ソープの仕事についてしっかり話して、カレンダーを見ながら『この日に撮影して、次の日に店のホームページに掲載して1日か2日寝かせる。それからデビューすれば、会員さんが予約を入れてくれるから』って説明をすると、ちゃんと働きたいっていう子は『それでお願いします』って納得してくれる。

経験者の方が聞き分けはいいよね。デジカメで適当に撮った写真を出しても、お客さんに選んでもらえない。ちゃんと撮影をして、段取りを経た方が得だよって話をすると『そうですよね』って」

近頃は、客はまず店のホームページを見て、そこに掲載されている女の子を選んでから問い合わせをする。面接にきた女の子をそのまま体験入店させても引きが弱い。そのため、Iさんの店と同じように多くの店ではまず写真を撮影し、それをホームページにアップした上で客に告知するなどしてから正式にデビューさせる、という手順を踏んでいる。

気が強い子の方が指名を取れる

――Iさんのお店って、他の店に比べて優しいですよね。懐く子はすごく懐いているじゃないですか。他の店とは女の子との距離感が違いますよね。

「お店の子、全員をケアできているわけじゃないよ。たとえば在籍している子が50人いたとして、50人全員の面倒を見ろって言われても、絶対に見れないから。うちは早番、遅番のスタッフに女の子を振り分けているんだよ。『お前はこの子のマネージャーな』みたいな感じで。そうじゃなきゃ無理ですよ」

――女の子から一番多い相談内容ってどんなことですか？

「やっぱり稼げないってことかな。『どうして指名が取れないの？』とか。収入面だよね」

――Ｉさんが入ってきた10年ぐらい前だと違いました？

「ぜんぜん違う。あの当時は借金だらけの女の子がうじゃうじゃいたけどね。ほんと4000万円の借金なんてよくできたねって。闇金で1000万円ひっぱってて金利いくらかかるんだよ、みたいな。そんな子がいっぱいいたけど、今の子は借金ありますって言っても、せいぜい30万円とか50万円とか、そんな感じの子がバイト感覚でくるから、女の子のタイプは全然変わったよ」

――どちらの方が扱いやすいですか？

「そりゃ借金だらけの子だね。ガムシャラになってるから扱いやすい。やっぱり気の強い子の方が指名は取れるよね」

――ほかに10年前と今とで女の子が変わった点って何かありますか？

「10年前の女の子って、自分から進んでお客さんに営業をかけていたけど、今の子たちはしないよね。しなくても指名が取れるってことは、お客さんの層も変わってきてるのかなって気がする。実際、太いお客はほんとに減ったよね。昔はオープンからラストまで貸し切りにするなんてお客さんが何人もいたけど、いまは数えるくらいしかいないもんな」

――今はＬＩＮＥなどもあるので、お客さんとも連絡が取りやすいと思うのですが、そういうのも使わないんですか？

「使わないよね。『連絡しなきゃダメなんですかぁ～』とか聞いてくるけど、基本的にうちは個人の自由にしている。そうすると『よかったぁ～』って。女の子の中にはキャバクラとかで強制的に営業させられた経験のある子もいるからさ、そういう子にとって客に営業をかけるって、すごくイヤなことなんだってさ」

ソープに限らず、風俗の世界では仕事を続けられる女の子と、続けられない女の子がいる。風俗嬢の取材を長くしていると、ボクはその差が自分の中にある〝壁〟のようなものを乗り越えられるかどうかにかかっているように思うようになった。多くのソープ嬢を間近で見てきたＩさんは、その〝壁〟をどんなものとみているのだろうか。

「俺の感覚だけど、〝エッチが嫌い〟ってことじゃないかな。続かない子、売れない子ってのはエッチが嫌いだから『痛～い』とか、『きもちよくな～い』とか、お客さんの前で露骨に顔に出しちゃうんだよ。そりゃ当然、そんな子とまた遊びたいって思わないよね。店側は『そうじゃないんだよ』って女の子に話をしなきゃならないんだけど、そうすると『え～、もう無理』ってなってしまう。諦めが早いというか、根性がないっていうか。

最近はソープにもヌルい店が増えたよね。格安店で話を聞いたら、まったくの未経験の女の子に『ここをこうしな』程度の説明をしただけで、いきなり接客させているっていうんだから。そこで働く子たちはそれでいいって思っちゃっている。うちなら最低限のことはキッチリと教えるけど、そういう子がくると『そこまでやらなくちゃいけないんですか？』ってびっくりしているよ」

――格安店はそんなもんですよ。出勤確認もありませんからね。

「『ソープの経験があります』って言うから『どこのお店』って聞くと2軒ぐらいあるって。『じゃあ、マットできるでしょう？』って聞いたら『したことないです』って。『ボディ洗いは？』って聞いたら『一度もしてないです』。『潜望鏡できんだろ？』って言ったら『なんですか、それ？』って（苦笑）。そんな子いっぱいいるよね」

――ひどい子なんかお客さん座らせて、自分は立ったまま自動車を洗うみたいにパ〜って水かけるそうですよ（笑）。

「料金が料金だから、そこまでしなくていいだろうってことなんだろうね」

――お客さんも料金が安いから怒ってもしょうがないなって部分があるんでしょうけど、昔は『靴下を脱がしてもらって当たり前。洋服を畳んでもらって当たり前』だったのが、客がそんなに仕事を求めなくなった。本来あった、おもてなしの部分がだんだん薄れていっている。そういうふうにソープ業界が変わりつつあることに、Iさんはどういったご意見をお持ちですか？

「お店の客層にもよるんだろうけど、10年前にうちの店に遊びにきていた人っていうのは、今はかなり高齢になっていて、次の世代のお客さんたちがきている。昔気質のキッチリした仕事の中で遊んできた人とは違うんだろうな。『こんなもんで充分なんじゃない』みたいな」

――格安店でしか遊ばないで『これがソープだ』って思ってしまうと、悲しいなって思います。

「そうだね。たまに外に立ってて50分1万◯千円って看板を出してると、客が『高い』って言うんだよ。安いところは1万円とかで入れてるから。たまに『1万3000円でいいからうちで遊んでいきなよ』って入れると、逆にハマる人もいる。『すごいお店ですね』って。『こんなきれいな子たちがあそこまでしてくれるんですか』って、常連になってくれるお客さんも多い。安いところはよっぽど酷いことをしているんだろうな」

――10年前のお客さんと今のお客さん、一番大きな違いはどういう点ですか？

「やっぱり経済面だよね。うちの一番多い客層は、デスクワークをしているような40代のサラリーマンなんだよ。次が50代、30代、60代で、20代はほぼこない。これは俺が入った頃から変わってないんだよ。ただ最近は〝ハマる〟人は少ないかな。あと、昔は建設業のお客さんも多かったけど、最近はこなくなったね。やっぱり不景気なんじゃないかな」

吉原の抱える〝2020年問題〟

吉原について取材をする中で、色々な人に話を聞いたが、明るい話や前向きな話はほとんど聞かれなかった。とくに多く聞かれたのが、2020年の東京オリンピック開催の不安と、新都知事就任への不安だ。

オリンピックが東京で開催されると、世界から多くの観光客がやってくることになる。そうなると国や東京都が外国への体裁を考え、吉原に営業停止などの措置を講じるおそれがある。また、先ごろ就任した新都知事は、かつて〝トルコ風呂〟の改称運動の先頭に立っていた人物。女性ということもあり、吉原への風当たりが強くなる可能性もある。

I店長はそれらの問題をどのように考えているのだろうか。吉原の将来の不安をぶつけてみた。

――2020年の東京オリンピックに向けて、色々なメディアが「吉原が消えるんじゃないか」なんて取り上げています。〝トルコ風呂〟という名称を潰した張本人とも言える人物が都知事になりましたし、吉原にとっては逆風が吹いているんじゃないでしょうか。

「たしかに色んな噂を聞くよね。前のオリンピックの時は2週間くらい全店閉鎖したとかね。組合の集まりに行くと、保健所の職員とか警察の人がきていることがあるんだけど、オリンピックに関する話が出るんだよ。警察の人が言うには『オリンピックが始まると外国人の方も増えると思うので、お店には最低1人ぐらいは英語が喋れるスタッフを用意しておくとか、メニュー表も判りやすいものを作っておくとか、そういう対策をしなさい』ってさ。そう言うからには『全然大丈夫なんじゃないかな』とも思うし」

組合の集まりに保健所や警察の職員が参加しているというのは意外だ。警察の人間が「お店に最低1人ぐらいは英語が喋れるスタッフを用意した方がいい」「外国語のメニュー表もあった方がいい」といったアドバイスをしているというのも面白い。

「ただ、知事が変わったから、それもどうなるかわからないね。資金力がある店っていうのは、1ヶ月くらい休んでも屁でもないけど、キッキツでやってる店はかわいそうかもしれないね。うちなんかは『オリンピックの間、1ヶ月閉めろって言われたらお前らの給料1ヶ月払ってやる。ゆっくり休暇でも取りゃいいじゃん』って言ってくれてるから」

――お店毎に様々な考えがあると思うのですが、外国人客の受け入れについてはどのようにお考えですか?

「うちはもうOKだね。外国人OKだという女の子もだいぶ増えてきた。在籍の女の子で言うと、半分くらいは外国人に対応できるんじゃないかな。そういう考え方になってきたのはここ3年くらいかな」

同じ質問をこの取材の半年くらい前に川崎堀之内のソープ経営者にぶつけたことがある。その経営者は『(外国人を)入れるなんて、とんでもない』と言っていた。川崎には堀之内と南町の2つのソープ街があるが、そのどちらも外国人は入店させないという意見が多いようだ。風俗街ごとに考え方の違いがあるのである。

「店の前でたまに立番している時に外人さんが通るんだよ。そんなとき『ヘイ、〝〇〇(Iさんのお店の名前)〟?』って声をかけると『オオ!〝〇〇〟!?』って。そんな感じで、遊べるお店を探している外国人客は多いよね」

最近は外国人観光客向けに日本の風俗を紹介するウェブサイトがあり、外国人客受け入れ可能な風俗店などが掲載されているのだそうだ。

「ただし中国人だけは相変わらず酷い。うちは基本、外人さんも日本人と同じ70分2万9800円で入れているんだけど、中国人だけは70分5万円もらっている。女の子3万円で店2万円だけど、それでもダメだね」

――なぜ中国人客は嫌がられるんでしょうか？

「人種差別をするつもりはないんだけど、本当に行儀が悪いんだよ。『申しわけないけれど、中国の方は5万円いただけますか？』って感覚が、『てめぇら、5万円払うんだったら入れてやるよ』って感覚になるくらい。1週間前にも運転手つきの中国人客がきて、案内入れたら女の子を見てバック（キャンセル）する。よく注意をしてまた入れたら『やっぱりヤダ』ってバックしやがって……。『ふざけんな、日本人にそんなヤツいねえぞ』って出禁だって‼ 他にも、女の子の顔を見るなり『ブス！』なんて言ってみたり、女の子の体を乱暴に扱ったり、とにかく問題行動が多いんだよ」

――客も協力して楽しい時間を過ごすって感覚がないのかなぁ。

「ないんだろうな。でも、なかにはすごく紳士的な客もいるんだよ、中国にも。だけどそういう人は中国人客が10人いたら1人ぐらいしかいない。あとは全部ダメだね」

たしかに中国人客の質の悪さを指摘する風俗関係者は多い。だが、その反面、〝中国人客はラクでいい〟などという意見も聞いたことがある。彼らは時間いっぱい楽しむという感覚があまりないらしく、時間内でも目的が終わればさっさと帰る人が多いらしい。「120分で入っているのに、さっさと済ませて10分くらいで帰った」というお客さんもいたという。

良い客と悪い客の差が激しいということなのだろう。高いとか、入ってから金返せとか、お金が理由で警察がきて揉めたという話は残念ながらよく聞く。

格安店は意外と儲からない

――Iさんが考えるグループの展望を教えてください。今後やってみたいことはありますか？

「う〜ん、まずうちのグループはちゃんと残っていくために、新しい時代に合わせた戦略を立てないとまずいだろうね。このまんまダラダラ行ってたら、ド〜ンとは上がらない。いまと同じか徐々に下がっていくだけだろうね。そのためには、早急に新しい世代を育てて、そいつらに新しい感覚でやってもらわないと。

いまのうちから20代後半から30代くらいのスタッフを採用して、ちゃんと教育をしてこの商売の基礎を覚えてもらう。あとは時代に合ったやり方をしていってもらえれば。格安店なんかでも、バ〜ンと跳ねてる店は年取ってる人はいないでしょ。若い人がやっていると思う。ああいう感覚的に新しいものを入れていかないとダメだね」

――これから吉原はどちらの方向に流れていくのでしょうか。高級店志向でサービスの部分に特化するのか、安かろう悪かろうで40分1万円を切る格安店のような方向に流れていくのか。

「1年ぐらい前かな、ある評論家が『これからは中級店ソープランドがやっていかれない時代が絶対にくる』って言ってたんだよ。たしかに中級店っていま一番厳しいんじゃないかな。でもね、俺はやり方次第でやっていけると思うんだよ。7月はうちの店って売上の新記録を作ったんだよ。安いか高いかどっちって言われたら、俺は高級店（が残っていく）とは思うけどね」

――サラリーマンが普通に払える上限って、4万円ぐらいだと思うんです。6万5000円の店に月2回も3回も行けない。そう考えると中級店、大衆店の存在ってありがたいですよね。女の子もそれなりのことをしてくれるし。

「うちの姉妹店にも格安店があるんだけど、『100本入りました』『すんげぇ忙しかった』『じゃあ、いくら？』ってフタを開けたら、利益が40万円くらいだって。1日100本入れたときの経費ってものすごい金額だからね。タオルやら水道代やら備品代やらって、普通の中級店の倍ぐらいかかってるわけだよ。それでその単価はどうなの、ってなるよな。だから流行ってる格安店でもそんなに利益は出てないと思うよ。むしろ高級店で動き回ってる方が楽なんじゃないか。

こないだうちの客が格安店に行ってきたって話してたんだよ。『今日はちょっと給料日前だし、1万円くらいでチャチャっと遊べるからいいかな』だってさ。やっぱりそういう感覚はわかるんだよ。中級店に行けば3回に2回くらいは当たりを引ける。格安店へ行けば3回に1回くらい当たりが引けるかどうかだってことを客もわかってるんだよね」

――最後に2つ質問させて下さい。Ｉさんにとって吉原って何ですか？

「自分に立ち直らせてくれた場所だね」

——将来の夢はありますか？

「いっぱいあるよ（笑）。あと10年で60歳近くになるから、10年後もまだ現場でやってるっていうのは考えてないね。50代半ばぐらいで一区切りつけたいと思っている。そのあとは、幹部の1人としてこの会社に残っていられたら最高だと思うけどね」

Iさんは店の責任者として、とても客観的な視点から吉原の現状を考察しているのが印象的だった。オリンピックに関連して吉原壊滅説が飛び交う中、組合で対応を協議したり、外国人客にも門戸を徐々に開いているなど、希望と言えるようなものも見えた気がした。

男性スタッフにとっても吉原の現状は厳しく、楽観視できるものではない。しかし、Iさんは現状に満足せず、新しい時代にも合わせられるように店の展望を考えていた。これからのIさんの奮闘を期待したいと思う。

【吉原・某高級店のボーイ】Tさん

ある日の早朝、まだ日の明け切らない吉原。出勤途中のボーイだろうか。
男性が漕ぐ一台の自転車が通りをゆっくり進んでいく。

スポーツ新聞の求人欄を見ていると、ときどきソープランドの男性スタッフの求人広告を見かけることがある。

「店長・幹部候補　受付スタッフ　月給40万以上」

ソープランドの女性たちが高給取りなのは予想がつくが、体を売っているわけではない男性スタッフの給与がこんなに高いのかと驚いたこともある。しかも、求人の募集要項をよく見てみると〝寮完備〟という店も多い。ソープランドのボーイさんは過酷な仕事で、ある意味、ソープ嬢以上に続けるのが難しいとも言う。店側は好待遇を用意して、人材を確保しようとしているのだろう。

それでは具体的に吉原のボーイさんはどのような仕事をしているのか。

吉原のとある高級ソープに勤めるボーイのTさん（30歳）に話を聞いた。あらかじめお断りしておくが、Tさんの勤める店は吉原のソープランドの中でも極めて労働環境がよく、とても恵まれた店である。なかには、スタッフの休日は月3日、オープンラスト勤務、サービス残業当たり前……といった店もあることを記しておきたい。

決め手は初任給の高さと社員寮

――Tさんが風俗業界で働こうと決めた動機はなんですか？

「初任給の高さですね。僕の場合は30万円くらいでしたけど、その他、手当が諸々ありますから。

寮があってボーナスまで貰えてっていうのもあったんで。とくに寮は、僕には必須でした」

――それまでは風俗の産業に対して、興味はお持ちでしたか？

「とくにはなかったですね」

――ソープの前はどんなお仕事をされていたのですか？

「ひとつ前は不動産業界で働いていました」

――この業界で働き始める前に、風俗で遊ばれたことはありますか？

「ソープはありませんけど、ピンサロやデリヘルには行ったことがあります。でも『かわいくねぇな』ってのが感想ですね（笑）。思ったよりも楽しくない。だからあまり行っていないですね」

――この業界に入ってから、勉強のために他店のソープに入ってみたことは？

「いやぁ、ないですね」

Tさんは緊張しているのか、受け答えがそっけなく、話があまり続かない。その口ぶりからは風俗はあくまで仕事として関わっているものであり、遊びとしての興味をまったく持っていないことが感じられた。

――ボーイさんとして今のお店に入られてどれくらいになりますか？

「1年4ヶ月になります」

――その間に仕事の内容に変化はありました？

「最初は雑用ばかりですよね。オーダーを伝えて、片付けして。その繰り返しです。ただ、最近は下の子（部下）もできて、女の子の勤怠管理もするようになりました。送迎は一切やらなくなったし、キッチンにもあまり入らなくなった。ちょっとだけ地位が上がったという感じです」

オーダーを言うというのは、客が入ったことを女の子に伝えたり、女の子から受けた客の飲み物の注文をキッチンに伝えたり、運んだりすること。ボーイさんの基本的な仕事だ。

——勤務時間は？

「僕の場合は固定です。お昼前の11時から夜の12時半まで。それまでの仕事も長時間勤務だったので、13時間は自分の中では特に長いとは思わないですね。人からは『長いね』と言われますけど、僕の中では普通なんですよ」

スタッフは意外と爽やかな人が多い

——実際に働くようになって、それまでソープランドに持っていたイメージと、中を見て感じたものとのギャップや驚きのようなものってありましたか？

「うちの店だけかもしれませんが、ボーイさんって意外と爽やかなイメージの人が多いなってことですね。働いている人がドロドロしていない。女の子も意外と前向きに考えているし」

——Tさんの目から見て、がんばっているなって感じる女の子ってどういう人でしょう？

「ルックスだったりとか、スタイルだったりとか、要は見てくれですよね。それでお客さんを呼べる女の子はすごいなと思うけど、本指名のお客さんって顔だけよくてもこないんですよ。サービスがよくなければきてくれない。お店の女の子で本指名のお客さんを短いスパンでバンバン呼べる子が2、3人いるんですよ。そういう人って顔もスタイルもいいんだけど、仕事が終わって帰る前とかに会話をしてもとても話しやすいし、そういうのがお客さんと個室に入っているときに、いい雰囲気づくりをしているんじゃないかなというのは感じます。

接客の感じを聞いていると、すごいなと思いますね。お客さんはただ『よかった』とかじゃなくて、本当に目を輝かせて『絶対、もう一回くるよ』って訴えてくるんです。『あの子を紹介してくれてありがとうね』って気持ちが伝わってくる。それで、またその人が戻ってきてくれるんです。女の子が実際、個室でどういう想いを抱いているのかはわからないですけど、自覚を持って接客してるんだなって。それはすごいなと思いますね」

――そうやってリピーターとしてお客さんが帰ってきてくれたとき、ボーイさんとしても嬉しさがあるんじゃないですか？

「あ～、う～ん。嬉しいのは嬉しいんですけど、中でどういう仕事をしているかをわかっている分、ちょっと複雑ですよね。僕は飲食業をやっていたこともありましたけど、お客さんに料理を提供して、『美味しかったからまたきたよ』っていう感覚とは、また違うかなと思います」

――風俗店の店員さんって入れ替わりが激しいじゃないですか。そういったボーイさんのエピソードって何かありますか？

「結構見てきましたけど、都合の悪いことを環境のせいにしがちですよね。あの人がどうとか、もうちょっとこういう会社がよかったとか。なんでも環境や人のせいにしている。

そういう人って『ここだけじゃねぇだろ』って思います。どうせ履歴書を偽って、いろんなところに行っているけれど、実際は一番長くいた会社しか書かなくてやってきたんだろって思います。そういうのを考えると、『伸びねぇな、こいつら』ってのはありますね。女の子の場合も、すぐ辞めちゃう子ってどこの店舗へ行ってもそうなのかな。

今までに正直に言ってくれた女の子がひとりいたんですよ。『この店は忙しすぎます』って。『ちょっと耐えられないんで、辞めてもいいですか？』って言ってきた子はひとりいました。吉原の中で働いているビジョンを自分の中で描いてきたけれど、実際はすごく忙しくてついていけなかった。だから他のお店に行きますっていうのは、ありだと思うんです。でもバックレる人は、大概どこに行ってもバックレるんじゃないかな」

――じゃあ、辞めますと言って辞める人よりも、バックレていなくなる人のほうが多い？

「まあそうですね」

一般社会では驚きのことだと思うが、『辞める』のひと言もなく姿を消す人が多いのは、吉原に限らず、風俗業界では当たり前の話だ。なかにはボーイや嬢のみならず、現場責任者である店長やマネージャーが飛んでしまったという話もあるくらいだ。

――ソープのボーイさんをしていて、一番しんどいことは何ですか？

「一番しんどいこと？　我慢していることですよね。この店では社長から毎月課題をもらってレポートを書いているんです。そこにも書かせてもらったんですけど、主任と、もうひとり先輩がいるんですね。その先輩が仕事を抜け過ぎるんです。それに仕事の内容を覚えていない。やる気がない。責任感がないと感じてるんですね。

上司であり先輩なんでごめんなさいなんですけど、『じゃあ俺はどうなの？』と思ったときに、もちろん抜けるし仕事を忘れる時もあるけど、責任感は持ってやっているつもりです。でもその先輩からは責任感というものが全然感じられなくて、それはひとつひとつの動きに対してなんですけど、そのことを我慢している自分が一番苦しいんですよ。会社の部長にはそれを相談させてもらいながらも、そこまで深い話はしてませんけど、『なんで俺はこの人よりも下なの？』っていう」

――ハードワークだから感じるストレスなのかもしれませんね。仕事にやりがいはありますか？

「やりがいは、お金ですね。あと大入りもやりがいを感じる。他の店舗さんだと月にやっと3回大入りがあるくらいで、1回に2000円出ると聞いたんですけど、うちは日数も金額も倍くらいありますし、僕の場合は大入りで光熱費や食事代がまかなえます。あと僕の原動力になっているのは部長ですね。この人に認められたい、褒められたいっていう気持ちですね」

――その部長さんのどういう部分を尊敬していますか？

「頭が切れるところですね。とにかく頭がいいんですよ。べつに漢字をいっぱい知ってるとかではなくて、機転がやばいんです。あとは人の気持ちもわかるし、いい感じで付け入ってくるんです。

だから尊敬しているんですね」

――お休みはどういうペースで取れるんですか？

「うちの基本は曜日固定です。週に一度お休みがあります」

――お休みの日はどんな過ごし方をされてますか？

「彼女がいた頃は必ず一緒に過ごしてましたけど、今はいないので基本飲んでます。だいたい浅草、上野、新宿、渋谷、六本木……そのあたりで飲んでますね。趣味とかは特にないので」

――いつごろまで彼女がいたのですか？

「僕はバツイチなんですよね。不動産会社にいた時が別れた後で、次に付き合った子と再婚しようって話になったんだけど、その子とも別れて……それで不動産会社を辞めてもいいかなと思って、ここにきたんです。ひとり身になってここにきたわけなんですよ。そういった面で趣味が増えたわけではないですけど、今まで常に誰かが隣にいたので今の生活は新鮮です。やりたいことがめちゃくちゃできている」

――お店での目標はありますか？

「それが曖昧なんですよね。自分がどうしたいのかわからない。先輩に物足りなさを感じているなら、『じゃあ、がんばって抜いちゃえばいいじゃん』っていう話じゃないですか。でも、そう言われてもどうなりたいかがわからない。部長みたいになりたいけど、まだ腹が決まってないんですよね。まずそこからかな。べつに辞めるつもりもないですし、抜かせてくれるなら本気でやりたいし、遠慮するつもりもない。目標が不明確なままで行くのなら、このお店で順繰り順繰り上がっていくのかなと思います」

居酒屋をいつか自分で経営したい

――これからもしボーイさんなりフロントなりで風俗の世界へ入ってきたいという男性諸氏へ、アドバイスをするとすればどんなことを伝えたいですか？

「体力的に意外にキツいよってことですね。でも、僕のお店の場合、キツい時間は1時間の中で10分くらいなんですよ。残りの50分はラクなんです。そのリズムを自分で処理できれば楽勝だと思いますよ。あとこのお店のスタッフはみんな優しい。部長と一緒に食事行くと、必ず奢ってくれるんですよ。だから食事にはまず困らない。寮に住みたきゃ住める。生きてく分には何も文句はない。ここにいれば絶対に生きていけますよ。逆にこのお店のスタッフの人たちに言いたいのは、このお店はすごくいい店だと」

――となると、これから始める人へは「店を選べよ」って話になりますよね。

「そうですね。でも僕はここしか知らないから、他がどれだけっていうのはわからない。ここで働いていると、他店の人から『いいね』って言われるし、僕も実感してるし、それを作り出しているのは現場にいる部長なんでしょう」

――夢はあります？

「そこが微妙ですね。若い頃は夢を持っていたけど、今はその夢さえ忘れちゃったんですよね。最近はここである程度役をつけて、軍資金を貯めて、株でもいいし仕事以外で利益を生みつつ、長期休暇をもらって海外に行って、将来はそっちに住んでもいいなっていうのが少しずつ見えてきています。身はここにいてもいいけど、他のことは何かしたいかなっていう気持ちがあります。あとは飲食店を自分でやりたい。現場に立って飲み屋をやりたいですね。お酒が好きなので……。周りの人が言うには、僕は飲むらしいんですよね。こないだも忘年会やったんですけど、全然覚えてなくて……（苦笑）。『よく飲んでたよねぇ』って言われて。記憶が飛んでるから実は弱いんでしょうけど」

――寮はこの近所ですか？

「すぐ近所です。社宅みたいな感じですね。今は部長が住んでた部屋に『住む？』って言われて、部長の後に入りました。6階だからベランダからスカイツリーも見えるし、ワンルームにしてはわりと広いんです。それには満足していますね」

Tさんが勤めるこの店は超高級店であるがゆえにスタッフへの待遇もすこぶるよい。しかし新人に対してここまでの待遇ができる店は、吉原の高級店とて少ないと思う。また今回は数名のボーイさんを取材したが、個人を特定できないよう無作為に1名のみを掲載した。この2点をお断りさせていただきたい。

【吉原の〝喫茶店〟経営者】
Hママ

吉原の中には〝情報〟をウリにした喫茶店がある。喫茶店には吉原や女の子の事情に通じた者がおり、〝雑談〟しつつ店選びのヒントを与えてくれるのだ。

吉原ソープ街の一角にある喫茶店を訪れた。店内に入るとこの店のママだと思われる女性が先客のテーブルの正面に座り何やら話をしている。ママから少し距離を置いて、近くのソープランドのボーイと思われる男性が立っている。先客はこれから遊びに行くソープを探しているらしく、店のボーイがこの喫茶店まで迎えにきたようだ。

ボーイは客に近づくと、手に持っていた数枚の写真をテーブルに並べ始めた。しかし、その写真を並べ終わらないうちに、ママがおかまいなくその写真のうち半分を引き上げてしまう。

「この子たちはヤル気がないから勧めない。ソープなのに『マットができない』なんて言うような子たちだから、そんなのと遊んじゃダメだよ。○○って子なんてうちから行ったお客さんがマットしたいって言ったら、『え〜っ、マットするんですかぁ?』って言ったらしいんだよ。やる気ない証拠だよ。(ボーイに向かって)ねぇ」

ボーイも苦笑いをしながら『はい』と頷くしかない。

かつて吉原には3軒の情報喫茶があった。

ソープランドの在籍写真を常置し、喫茶店が女の子を予約して客を送り込むというスタイルで、後の風俗案内所の原型ともなった喫茶店である。平成18年に警察から『届け出が必要』との指導があったが、所轄である浅草警察署は『売春斡旋にあたり違法』との見解で届け出を受理せず、それ以降は情報喫茶も違法ということになり吉原から姿を消した。

吉原には風俗案内所がない。風俗の聖地的な場所である吉原に案内所がないことを意外に思われる方は多いと思うが、そもそも風俗案内所はグレーな存在だ。現在の風営法や都条例では、案内所内に風俗店の広告や在籍女性の写真の掲示を禁じている。現在営業している風俗案内所は、規制の対象でない近隣のキャバクラやセクキャバを紹介するという建前でやっている。だが、吉原にはキャバクラやセクキャバなどが一切ない。吉原に案内所が存在する根拠がないのだ。

今回ボクが取材に訪れたこの喫茶店は、風俗店の広告や女の子の在籍写真などは一切置かれておらず、客を迎えにきたボーイが女の子のプレゼンテーションをするというのが建前になっている。ママはそこに〝雑談〟として割って入り、『この子のほうがいいんじゃない』と〝主観〟を話す。それがウケてこの喫茶店に客が訪れるのである。

2億円の借金を抱えて中洲でソープ嬢に

15分ほどで先客はボーイに連れられて店を出ていった。

「お待たせしてすみません。何を語るよりも私の接客を見てもらうのが早いので、このお時間にお願いしたんです」

そう話しながら、ママはボクの正面の椅子に腰を掛けた。

「吉原を題材にして本を書いてくださる方がいるんだってことを伺ったときに、すごくうれしかったんです。吉原という街に今でも着目してくださる方がいらっしゃることがありがたいので、話せる範囲で全部お話しします」

――こちらこそ突然無理に伺わせていただき恐縮です。この喫茶店ができてどれくらいになるのですか？

「私がこの仕事を始めて10年になるのですが、ここで独立して足掛け6年目になります。その前はほかの喫茶店で従業員として仕事を覚えていました。もともとは23歳から36歳までソープランドにいて、そのあとは主婦をしたり、小商いをしていました」

――最初にソープを始められたきっかけは何ですか？

「売られてきたんです。これ言っちゃってよかったのかな（笑）。その時、私には2歳の子どもがいたんです。その子と2人で富士の樹海に行くか、それともソープランドで働くか、二者択一でした。今の子のような『ケータイ代払えないし……』なんてノリではなくて、生きなきゃならないからって事情でした」

――ソープデビューは吉原ですか？

「いえ、私は生まれが隣の墨田区で、育ったのが葛飾区。吉原だと知り合いがきたらマズイなと思って、九州の福岡でデビューしたんです」

――じゃあ、今で言う出稼ぎみたいな感じなんですね。

「たまたまその時に縁のあった男性が鹿児島の人だったので、向こうへ行きました。その時に私の借金が2億円近くありましたけど、それを完済し終えたのと同時にその男性に離婚を申し出て、27歳から引退まで吉原にいました」

この時代のソープ嬢には億単位の借金を抱える女性が多かった。家族の事業失敗や情夫のギャンブルなどによって借金を背負わされ、売られるようなかたちでソープランドで働く子が少なくなかったのである。

一方でその頃のソープ嬢はナンバーワンともなると月に500万円を稼ぐ子もいたので、億単位の借金があったとしても数年で返すことも不可能ではなかった。ボクはママにそれとなく2億の借金の理由を聞いてみたが、彼女は最後まで明かすことはなかった。

中洲より吉原の方がゆるかった

――その頃の福岡はどうでした？

「厳しかったし、すごく華やいでましたよ。今の中洲は格安店の集合体みたいになってると聞きますけど、『価格帯が安くても向こうはいいよね』っていう声は聞きますね。きれいな子も多いし、経営者が厳しいんでしょうね。私たちの時代は3万円台の大衆店の一角があって、外堀を埋めるように高級店がずらっと並んでいました」

――中洲から吉原へ移られて、文化の違いを感じましたか？

「大きな違いがありました。何よりも吉原は部屋が狭い。スケベイスもラブホにあるような空洞のないものが置いてあるだけ。お店の人に『これは潜《くぐ》れませんよ』って言ったぐらいです。でもお店の人は『潜る』の意味がわからない。吉原のほうが仕事は全然ゆるかったですね。備品はすべて女の子が買って用意しなきゃいけないし、部屋の狭さは仕事をする上でものすごく不自由しました。

私が勤めていた中洲のお店の部屋は、お相撲さんがきてもゆったり入ってもらえるくらい浴槽も大きかった。吉原は『この狭い浴槽でどうやって潜望鏡をやればいいんだろう』と思うくらい。そういうカルチャーショックはすごくありましたね。

でも叩き込まれた技を封印するのは嫌だったから、いろいろ工夫してやっていました。技って自分の体に染みついちゃうもので、端折るくらいなら大衆店に行って、『時間が短いからこれしかできない』っていう方がまだ楽です。でもまだ自分にプライドがあったから、価格帯を落とすことができなかった」

――高級店にはいつまでいらっしゃったんですか？

「33歳の時までです。それまでは『いらっしゃいませ』って対面したら、その瞬間にお客さんが半歩前に出ていたのに、気がつけば半歩引くお客さんが目の前にいたんです。その反応を見て高級店はもう無理だと悟って、価格帯を下げて大衆店に移籍しました。でも、ぶっちゃけ大衆店に移籍してからの方が稼げましたけどね」

高級店を野球選手に例えるなら、メジャーリーガーとでも言えるだろうか。モデルクラスの美女、アイドルタレント並みの可愛い子、名人を争える程の技巧派、そんなソープ嬢たちが切磋琢磨しているのが高級店の世界である。客が支払う金額も６万５０００円を超え、接客やプレイ技術も価格に見合ったものが求められる。

一方で大衆店はメジャーには行けない女の子たちの世界で、高級店に比べれば女の子の容姿やサービスのレベルは落ちるのかもしれない。かつて高級店で売れっ子であった女性も年令を重ねることで容姿的に売れなくなり大衆店に移るソープ嬢は少なくないが、大衆店に移ってからの方が稼げるという話はよく聞く。この間まで高級店にいた女性が高級店で培った接客を大衆店で行うことで売れっ子になるケースが少なくないからだ。

仕事を覚えれば子宮を守れる

——ママさんが現役だったのは何年くらい前なんですか？

「引退したのが36歳で今の歳が55歳、だから20年くらい前です。若年性の脳梗塞を患いまして、経済的にも『もうそろそろいいんじゃないかな』と思った時期でもありました。ソープ嬢ってデビューする以上に辞めるのが難しいんですよ。日払いで給料をもらう癖がついちゃった人間は、『このお金を使っても明日稼げばいいし』っていう癖がついてしまってる。ましてやバブル期に働かせてもらってるからなおのことで、病気をしていなければズルズルとやっていたかもしれません」

――しばらくして、喫茶店で働き始めたわけですね。

「いま別居中の連れ合いがいて、とんでもないことをしでかしてくれまして、だからといって年齢が46歳になっていたので、もう身売りする年齢でもない。

これは本当にプライベートな話ですけど、私は金輪際人前で裸にならないことを誓うために、入れ墨を入れてしまったんです。ソープ嬢を経験した女というのは、ちょっとお金に困れば簡単に戻っちゃうものです。でも、私は入れ墨があるからその選択肢はない。そんな時、前に勤めていた喫茶店のマスターさんと縁ができて働き始めたんです。

でもその時、マスターは私がソープ嬢だった過去を知らなくて、ただのパートのおばちゃんを雇っただけだと思ってて、私も最初の1年間は周りに一言も言わないで人間観察をしたんです。

ある時に『この女の子なんだけど伸びしろあるのに、なんで指名取れないのかなぁ』って私が言ったらマスターが『駄目だよ、この子は』って返したんです。その時に私は自分の封印を解いて『お金を取らないから、この子に講習させてくれない？』って自分から言ったんです。『この子は絶対にナンバーワンになれる子なのに、このままではボロ雑巾のようになってしまう』って」

――その一言には、マスターも驚いたでしょう？

「『え～っ‼　この人、ただのおばちゃんじゃないの⁉』って。私はそういう皆さんのリアクションが好きな方なので（笑）」

――なぜその子が伸びると思ったんですか？

「その子はまだ若いのによく出勤していたんですね。その若さでそれだけ働いているのは、きっとよっぽどの事情があると思った。仕事を覚えれば、ある程度は子宮を守ることができるということを教えたかったんですよね」

――講習といっても、ただ技術を教えるわけではないですよね。女の子の意識を変えるには、何かコツのようなものはあるんでしょうか？

「講習は『自分はイケてないし』っていう、ちょっとネガティブな部分を持っている女の子のネジを締めてあげるだけの作業なんですよ。そうするとモチベーションが上がって、すごくがんばるんです。ちょっとがんばって結果が出ると嬉しいし、また結果が出てスポットライトを浴びると、それを離すまいと思ってますます努力をする。下積みが長い子がスポットライトを浴びると、それを逃してしまう恐怖心が強いから、よりいっそうがんばるんです」

――そういう〝正の連鎖〟に入ると、女の子はどんどん自分で伸びていくわけですね。

「その通りです。お客さんの指名が返ってくるようになると、今度は女の子の方から『次はちゃんとお金を払うから、上の段階の講習を教えて下さい』と言ってくれるようになる。

そうしたら『いまの吉原ではコレとコレを押さえれば、あなたは華が持てる。これを身に着けて仕事をしてごらん』って言うんです。もちろん教えるのは技だけでなくて、お客さんに接するうえでのメンタルトレーニングをするわけです。『次もこの女の子と遊ぼう』ってさせるためのキーポイントを教えておく。

私が最初に目をつけた子は、講習後に大きく伸びて、いまでもナンバーワンを張ってくれているんですよ」

――それがママさんの情報屋さんとしての開花だったんですね。

「そうです。そうすると店側も『えっ⁉』って思うわけじゃないですか。何かあると相談にもきてくれるようになって、『こういう女の子がいるけど、会ってくれないかな』って。ここに連れてきてもらって、喋って微調整をしてあげたりね」

――ときには教えたくないな、って子もいたりしますか？

「そういう子もときにはいます。教えに行って〝この先、この子に私から講習を受けたって言われるのが嫌だ〟と思ったから、洋服を脱がずに帰ったこともあります。一番よくないのは、お客様に〝感じよくしよう〟という気がない子です。人の話を聞きながら、横を向いてタバコを吸っているなんて、もうその時点でダメじゃないですか。『お客様を一段高いところに据える』っていう気持ちがないんです」

――もてなしの気持ちって、ソープの基本ですもんね。

「ソープ嬢のお仕事は『私との2時間は日本の大社長でいられる』っていう、人に負けない空間を作ってあげる、それしかないと思います。でも端からその気がない、相手を精神的に気持ちよくさせようなんて気がない女の子が、下半身を気持ちよくさせるために尽くすはずがない。

お客さんが靴を脱いだ瞬間、『くさー』って思っても、顔や口に出したらそれっきり。お客さんに気が付かれないようにさりげなく芳香剤を忍ばせてあげたり、冬なんかは寒いからカイロを入れてあげたりとか、そういったちょっとした気遣いや思いやりができる人が、ソープ嬢の成功者だと私は思います」

気になる女の子には夫を派遣

――それで独立してこのお店をオープンされたわけですね。どういう表現が一番しっくりくるんでしょうか。

「『ゆかいな談話カフェ』ですね。うちがオープンした時にすぐ警察の生安（生活安全課）が飛んできたんですけど、『私はお店へ行って女の子を講習で知っているだけ。ここにくるお客さんに『女の子にいっぱい知り合いがいるけど、この子はいい子だよ』って話をして何がいけないの？って言ったんです。私たちは講習を生業にしている。講習をした子がよければ世間話で『この子はいい子だよ』と盛り上がって、あとは飲食してもらってお代をいただく。表向きはそう答えています。

うちのやり方はボーイさんから写真を取り上げちゃうじゃないですか。それで『あーでもない、こーでもない』って言いながら情報を提供する。あとはお客さんとはプレイが終わってさようならじゃなくて、お店を出たら必ずここに戻してくださいって言うんです。

正直、私が会ったことのある女の子よりも会ったことない子の方が多いから、『どうだった?』って聞き出すわけですよ。『フェラどうだった?』『ちゃんとマットやった?』って。

どうしても気になる女の子がいると、別居中の夫を呼んで行かせます。夫の性癖は世界で一番私が知っているから、感想を聞くことでその子の中身が見れる。だから一緒に暮らしている頃でも、どうしても気になる子には行ってもらいました。それで帰ってきたら根掘り葉掘り聞くんです」

――ご主人に行ってもらう、というのはすごいプロ意識と探究心ですね。

「夫が『あの子はもう1回指名で行ってみたい』って言ったら、『あまり評判のいい話を聞かない子だけど、こいつをその気にさせたか……面白いかもしれないな』って判断材料になるんです。ですから、私の一番の情報源は夫かもしれないですね。

そういった情報を整理して、『この子はここがよくて、これがダメ。点数をつければ何点になる』ってまとめるわけです。お客さんとは『写真はよくても女の子の内情はこうだよ。それでよければ行けばいいじゃん』っていうやりとりをしています」

――そこがママさんの強みなんですね。

「それがなかったら、たぶん独立しようとは思わなかったです。前にいた喫茶店では『これじゃネットや店頭でお客さんを騙してるのと変わらないじゃない』って思いがありました。私はボーイさんたちやお店の人に『私たちには嘘は言わないで』ってお願いしてます。『私はホントのことを言っても、それでお客さんを落とす自信はあるから』って。だってお客さんには3分後にはバレる嘘じゃないですか」

お客さんがイカないからヤダ

――写真ですら女の子のそのままの状態じゃないですもんね。そう考えるとママさんのように、生の情報を聞かせてくれる方の存在は貴重ですよね。

「私は『写真より見た目がいい子は出てこないよ』って実際に言っちゃいます（笑）。でも内容さえよければ見た目は3分で慣れるからねって。どんなにきれいでも無愛想で仕事の内容が悪ければ、5分もすれば帰りたくなるのが男心だからって」

――たしかにそうですね。

「講習先の女の子にも『一生懸命にやっていれば男性はわかってくれるからねって。一生懸命にやってるうちに必ず身についてくるよ』って言ってます。『上手じゃないけど一生懸命、汗をかきやってくれる』って子は伸びますよ。

逆によくないのが、さっきのお客さんと話していたときに出た、『マットやりますぅ？』って機嫌悪く聞く子。見た目がどんなにキレイでも、お客さんは引きますよ。日本の男性は特に優しいから、嫌そうな顔で『やります？』って聞かれて、『うん、やろう』ってなかなか言えません。それがわかってて横着な子は私は好きじゃない」

——ボクも一度だけ吉原の6・5万円の高級店へ行ったことがありますけど、『えぇっ？　2回戦するの？』って言われたことがあります。

「高級店の120分は3回戦ヌクための仕事の手順を教えるんですよ。私たちの時代は90分でも3回戦ヌキましたから。それが120分でヌケないはずがない」

——やっぱりそうですよね。でも、面と向かって言われるとけっこう応えますよね。

「高級店のウリって即尺即ベッドなんですけど、いまの女の子はお部屋に案内して、最低でも20分は喋るって言うんです。私たちはお客さんに女の子をプレゼンするにあたって、もうまさに我慢汁が出るっていうまでお客さんの気持ちを揉むんですよ。それで女の子を選ばせるわけじゃないですか。それで『よっしゃ、ガンバロー』って半立ち状態でお店に送ってるのに、20分も喋っちゃったらお客さんは疲れちゃいますよ。

『初めまして、どこからきたんですか』って、べつにお見合いするわけじゃないのに。目的は射精させることなんだから、とりあえずヌこうってことなんですよ。『お客さんがイカないんだよね。だからヤダ』だって。『イカないお客さんが悪いんじゃない。イカせられないあなたが悪いんじゃないの？』って私は思う」

——問題は根深いですね。

「なんでこうなっちゃったのかな。私の中のどこかで『吉原はもう終わるんだろうな』って感じています。『最終兵器で私が出ちゃう？』なんて冗談を言いながらも、与えられた中でこれしかやれることがないので、甘んじて受け入れなきゃいけないかなって。まだ葛藤はありますよ」

吉原は非日常な空間であるべき

――吉原に関わっておられる皆さんの多くが「滅亡感」みたいなことを仰るんです。でも、みなさん吉原のことが大好きなんですよね。

「大好きです。一時期、がんばってお金を貯めて、そういうお店を自分でやりたいって望んだ時期もありました。でもオリンピックの東京招致が決まってその気がなくなった。決まった瞬間、私は自分自身を〝非国民〟だと思いました。日本人としては嬉しいけど、その前に商売のことを考えました。『ウワァ、終わった!』って。それで『自分でソープを経営する』っていう夢も封印したんです」

――いや、風俗に関わっておられる方は、みなさんそうだったと思いますよ。

「今は一か八かの勝負に出るときじゃやけど、『吉原は間違いない特別な空間』って思ってもらえるものを、生きてるうちにもう一度見てみたいですね。『あ～よかった。さっぱりした‼』って帰っていく男性の、何とも言えない無邪気な顔が一番好きなんです。ソープの代金の6万5000円とか8万円って、住宅ローンの金額ですよ。それを男性はたった2時間に費やすんです。だから『よかった‼』っていう男性の一言で私は報われるんです。でも最近は帰っていくお客様が肩を落としていらっしゃることが多い。それが一番切ないです」

──元来の吉原はテーマパークみたいなところですものね。

「ここは別世界だし非日常の空間なわけじゃないですか。『よし、明日からまたがんばってお金稼ぐぞ。またこよう』って思える場所じゃなきゃいけない。でも今の吉原はそうではない現実が嘆かわしい。これでよくなるわけないですよ。だってよくなろうとしていないもの」

──具体的に、いまの吉原のどういうところが悪いんでしょうか。

「〝外引き〟って知っています？」

──お店を通さずに、女の子が直接お客さんと会うことですか？

「そう。最近の女の子はお金を持っているお客さんに外で会おうとする。『店を通さないで表で会えば、丸々８万円になるから』って。今の子は太いお客さんをつかんで自営業をやってる子が多い。だから街自体が悪くなる一方なんです」

──ママさんの時代には、外引きはなかったんでしょうか？

「私たちの頃は耳を傾ける女の子もいなかったですね。私なんか目の前に３００万円を積まれて『ご飯食べにいこう』って言われたことがあるけど、『ごめんなさい。悪いけど私はそのへんの飲み屋のお姉ちゃんじゃないから』って。そのくらいソープ嬢であることにプライドを持ってました。『私たちは時間の中で技を売ってナンボ』って。まあ今の御時世、３００万円も積むお客様もいないでしょうけどね。

今必要なのは『ソープランドというカテゴリーは他の風俗とはやっぱり違うよね』っていう持ち

味に、吉原の人たちが今一度気がついてくれるかどうかだと思います。でも、今のような吉原だからうちのような喫茶店の需要ができたわけだし、複雑な心境ですね」

――たしかに今は吉原にこなくてもデリヘルで気軽に遊べるし、ピンクサロンへ行けば安く遊ぶことができる。でも吉原までくる、ソープランドで遊びたいってお客さんは、その特別なカテゴリーを求めていらっしゃるわけですものね。

「でもそれをなくしてしまったから、お客さんは吉原を特別だなんて思わなくなった。その辺のデリと同じような感覚で、安い1万5000円とかの店へ行く。そりゃもう閑古鳥鳴きますよ」

吉原はこれからの４年が勝負

――10年後、20年後の吉原っていう店は、どうなっていくんでしょうね？

「『特別区域』として東京都条例で定めたにも関わらず、今縮小させようとしてるわけですよね。でもこっちにも責任があると思います。お行儀よくキチンとした管理をやっていくこと……それは病気であるとか女の子のケアとか、すべての面で『大丈夫だね』と国に安心してもらう場所を提供してこれなかった。だから決して国ばかりは責められないですね。でも、国もこれだけ税金が足りない、消費税を増税するっていうなら、売春防止法なんか止めてこの商売を生業としてはっきり認めれば財政難は解消されるんじゃないですかね」

思う。

——ボクも風俗業界はもっと積極的に納税すべきだと思います。風俗税を創設してもいいとさえ

「ソープランドはそれでもマジメな方だと思いますよ。微々たるものですけど、お店は浴場としての税金を払っているし、女の子もホステス税（所得税の源泉徴収）を払っているわけですから（※実際は徴収していない店も多い）。

今カジノがどうのこうのって言ってますけど、そこまで国が苦しいのであれば、吉原のど真ん中には空き地がいっぱいあるのだから、ドンとカジノでも作ってくれりゃいいと思いますよ。

10年後20年後に私が生きてるかどうかわからないけど、ここ4年は勝負だと思いますよ。老舗の体力がなくなってどんどん潰れていって、その跡に西川口とか池袋とかでやっていた人たちが参入してきて価格崩壊してきたのが現状じゃないですか。昔から吉原でやってきた人たちにはその価格帯では無理ですよ。もっとプライドを持って『うちは1万、1万5000円で射精してるような奴らがくるところじゃないよ』ぐらいの気持ちで、ドンと構えてそれなりのものを提供できるようになってほしいです。それもしないでただ『暇だね』って言ってるようでは、この4年の間にいろんな意味で片付くんじゃないですかね」

——寂しいですね。

「寂しいです。私はここがあったから今があるって思ってますし、店があったから今私がここで生活してるんだって、愛着を持ってます。その分、嘆げかわしさや腹立たしさもありますよ」

夢は孫の初ソープのプロデュース

——ママさんにとって吉原とはどういう街なんでしょう?

「男の人のオアシスであってもらいたい。私たちの時代はそれを強いられてきましたけど、今の吉原にはそれは無理。だから現実との間で常に苦しんでいます。でも自分は食っていかなきゃならないから、きれいごとばかりは言ってられないんですよね。お客さんを入れなければ収入につながらない。若い頃は『世直ししてやる』って意気込みが自分の中の何処かにあったんですけど、今はもうないです。ただ朽ち果てていく。自分の店を温存するために、上手に生きていくしかないのかな」

——将来の夢は?

「いつまでが将来? 東京オリンピック? そんなこと言ったら、誰にも迷惑かけずに死にたい(笑)。私が43歳の時に娘が男の子を産んでくれて、今は中学1年生なんです。近い将来の夢としては、孫のソープデビューをプロデュースしてみたいですね。男っていうのは女遊びを覚えなきゃ男じゃないですし、偉くなれない。儲けられません」

——お孫さんをソープにですか⁉

「『男に生まれてよかった』って思ってもらいたいんですよ。娘にはこんなこと言えないですけど(笑)。でもここをオープンするときにお婿さんに組み立て作業とかを手伝ってもらったんですけど、『ナイショよ。娘には絶対言うなよ』って言って作業を中抜けさせて、『今日の手間賃だ』って遊びに行かせたんです。帰ってくるなり『よかったべ』って。娘にばれたらヤバイから、『今からまた汗かけ‼』って働かせた（笑）。『匂いがわからないように、今日の晩飯は焼き肉に行けよ』って。『男って偉くなって稼げば稼ぐほど、どんないい女も付いてくる。仕事をがんばって稼げる男になれよ』って言ったんです。だからなんの躊躇もなく孫もここに連れてきて、『この店に行け』って言うと思います。それまでは元気で現役でいたいと思いますね」

ママは「たまたま会ったお客さんを大事にしたい、それが私の〝商魂〟です」と語る。客に女の子を薦めるその姿は、写真やプロフィールなどの虚飾を吹き飛ばす真正直さで、実に痛快ですらあった。それも彼女が吉原を愛するが故にたどり着いたスタイルであったのだろう。

これからも長く続けて欲しい喫茶店である。

#【吉原専門】流しのタクシー運転手

客を乗せたタクシーが往来を行き交う。全盛期の吉原はタクシー天国で、
かつては通りがタクシーで渋滞を起こしたほどだったという。

知らない土地を訪れた時、どこに行けば美味いものにありつけるかわからず途方に暮れることがある。ガイドブックを手にしても、中の記事がタイアップや広告で書かれたものであるかもしれず、本当に美味いのか確信が持てない。

そんな時、ボクはタクシーに乗り込み、「美味いラーメン屋に連れて行ってくれ」などと運転手オススメの店に案内してもらうようにしている。多くの客を乗せる中で、客からの「どこの店は美味い」「あそこは不味い」という生の声を聞いているタクシー運転手は多いからだ。実際、彼らの情報は確かで、信頼してよかったと思ったことがこれまで何度もあった。

吉原も同じではないかと思った。

「あの店のこの子はよかった」「どの子が地雷だった」などといったナマの情報を運転手が持っているに違いない。吉原は鉄道系の交通機関に恵まれていないので、タクシーの利用者は多い。客だけでなく、出勤するソープ嬢やお店のスタッフも利用しているはずだから、立場が違う色々な人の話を聞いていることだろう。そこで吉原専門で30年も流しているタクシーの運転手さんを紹介してもらい、話を聞くことにした。

乗務員歴30年のベテラン運転手

——30年もタクシーに乗っておられるそうですけど、現状の吉原はどんな感じなんですか？

「今は動いてる店は120～130軒くらいかな。いいお客さんだと『どこどこの店にはこういう子がいるよ』って教えてあげることもあるよ。

昔は自宅まで乗られる方が多かったですね。女の子も家まで乗って帰ってましたけど、その頃は稼げたんでしょうね。今は繁盛している店も中にはあるんですけど、吉原全体がデリヘルのお風呂版みたいになってしまっている。あとはイメクラみたいな感じですね。

流行ってる店の値段って昔なら3万5000円が普通で、5万円とか8万円の店もありましたよね。今は表の値段は8万円だけど値引きで半分の4万円になる店があるんですよ。でも私はお客さんには『その店は駄目だよ』って言うんです。入ったお客さんは『それでも高い』って怒っている。本当にちゃんとした店っていうのは値段が動いてないですよ。

超高級店だと1回下火になった『P』って店がいい。女の子には評判悪いですけどね」

――どういう点が評判悪いんですか？

「女の子が面接にくると、みんなヤっちゃうんですよ」

――たまに聞く話ですよね（苦笑）。

「それで直接社長に聞いてみたら、彼は自分でやったとは言わないんだけど、客が付かない女の子にアソコが締まる体操を教えたって。そうしたらバンバンと客が付くようになったって話だよ。でもどこまで本当かはわからないけどね。

あと30年ぐらい前によく乗ってくれてた経営者で、3店舗やってたママさんがいるんだけど、その人はいま80歳くらいで足が不自由だから、すぐそこのスーパーまで行くんだけど、待ってて荷物運んであげたりしている。その時にいたボーイさんが面倒見てるみたいだよ。息子さんはいるんだけど、今は家賃収入だけだって言っていた」

この運転手さん、のっけからいきなりスイッチが入ってしまったようで怒涛のごとく話し始めて止まらない。

運転手が語る吉原裏事情

「あと『K』という店。いつも朝掃除していた人がクビになっちゃったんですよ。あのグループって36店舗あるらしいんですよ。1店舗で不祥事が起きたら、店長全員がクビなんですって。一度ママさんって人を乗っけたことがあって、会長のお妾さんだったそうなんですよ。厳しい店だからクビになっちゃって、『退職金も失業保険もないから会長に文句言いに行くんだ』なんて言ってたんです。それから間もなくあのグループにガサが入って、そのあとにママを乗っけた時、『チクったろ?』って聞いたら『エヘヘ』って笑ってました。

でもあそこって質《たち》が悪いんですよ。30年ぐらい前はお客を連れて行くと当時1個1000円くらいしていた痩せる石鹸とか、トランクいっぱいのいろんな荷物をくれたんです。でも今は大した物をくれないから客は連れて行かない。

くれる店って言うと、『R』って高級店が昔あったんです。当時はみんな生でやらせる店は珍しかった。運転手が連れて行くと120分6万5000円の料金が、5万5000円に下がるんですよ。そこにママさんみたいな人がいて、僕らに5000円くれたんですよ。結構当時は儲かったんですよ。そのあとは激安店になって、今は『B』になった。どう？　あんたより俺の方が全然詳しいでしょ？（笑）」

——ははは、さすがですねえ。でも今は運転手さんが連れて行くとバックしてくれる店ってどれぐらいあります？

「実際にくれる店はもうないよ。『K』が物をくれるくらいだね」

——じゃあ、チップをくれるお客さんはどうです？

「こないだ今半の横で社長みたいな客が乗ってきて、『Yへ行く』って言うから向かってたんだよ。『俺はソープに詳しいよ』って言ったら、『じゃあ、Yよりもいい店があったら連れて行ってくれ』って言うんです。前に組合の副会長やってたOさんっていう人がものすごくいい人で世話になっていたから、そこの店に向かったんです。客が俺に電話番号を書けっていうから紙に書いて渡したんですよ。そしたら今の社長が出てきて『なにその紙？』って言ったら、客が俺に『もしこの店が悪かったら、アンタに電話かけて文句言ってやるんだ』って（苦笑）。『こんなこと言ってるからいい子を出してあげて』って社長に言ったの。客が『じゃあ釣りはいらないから』って札で料金を出したんだけど、ワンメーターの距離だったから、てっきりそれが千円札だと思ったの。あとで見たらそれが5000円。なかなか粋な客だなと思ったね。苦情の電話もなかったよ」

ドライバーがオススメする店

——運転手さんから見た今の吉原のおすすめの店ってどこですか?

「『C』かな。あの店の先代の社長は『Y』の出らしくて、お店がすごくいいんですよ。内容はわかんないけど、昔からきているお客さん乗せると『あそこは女の子のしつけがいい』って言っている。接待なんかで使うにはいい店ですよ。

同じ系列なんだけど『R』が8万円で『Y』が6・5万円でしょ。女の子を乗せると思うんだけど、『逆じゃないか』と思うんですよ。『R』はおばちゃんなんだけど女の子がお客を持っている。

あと『ソープが天職だ』って言ってる女性がいるのよ。歳がいってて独身じゃないけど昼間の職業が別にあるのね。それで俺、いつも乗っけてたの。ある客に『500万円で愛人にならないか?』って言われたそうなんだけど、『運転手さん、500万円って月かね? 年かね?』って彼女が言うんです。『そんなもん、バブルがはじけちまったんだから月なわけがない』って言ったら、『じゃあ断る。私は1日に20万円稼ぐから』だって。『私はプレミアついてるからいっぱい指名付くし、1本で5万円貰える。4枠付くから20万円になる』って。それに予約でいっぱいだって言うんですよ。『お客さんの顔は覚えてないから、見ても誰だかわからない。でもヤルと判る』って(笑)」

――売れっ子の子からはそういう話を聞いたことがありますね（笑）。

「客にその話をしたら『予約が取れるわけない。あいつは名器だぞ』って言ってたよ。あとひとり、激安店に〝A〟って名前のものすごいキレイな子がいるんですよ。てっきり超高級店の『P』の子だと思ったら、その横の1万5～6000円の値段の『S』って店の子だったんですよ。スタイルもいいし顔もいいんだけど、『あいつ駄目だよ、なんにもしねぇよ』って言ってたお客さんもいた。女の子の間でも評判悪いの。いつも電話かかってきて松戸まで帰ってくれていたんだけど、あるとき首が痛いって言うから『マッサージしてやろうか』って冗談で言ったの。そしたら、それっきり電話かかってこなくなった（苦笑）」

――セクハラに受け取られちゃったんだ（笑）。

収監前に遊びにきた実業家H

「他にキレイと言えば、『O』にいた子。『O』っていうのはもともと技術のある人がいる店なんだけど、ボーイさんがタクシーを呼ばない店だから彼女が拾うために道を歩いてたんだよね。

その時、彼女は髪を染めていて、てっきり外人だと思って俺は喋れないから逃げたんですよ。そしたら向こうが信号で追いついてきて、ドアをどんどんと叩いて『なんで逃げるの？　私よ』っていうから振り向いたのが、初めて顔を見た時だったんですよ。『なんだ外人じゃなかったの？』って聞いたら、フランスと日本のハーフなんだって。その人がすごくきれいだったんですよ。

あと、とんでもない女がいるよ。いつも迎えに行く子だけど、〝R〟っていうぬいぐるみばっかり集めていて、必ずぬいぐるみを抱えていて話しかけている女がいるんだ。その子の店は激安店なんですよ。その子は新宿から大江戸線できてタクシーを待っているのね。最近、彼女は忙しくて早くから仕事に出てるみたいだから、たまにしか顔を見ないけどね。『K』という店にいたけど『社長がムショから出てきたのが嫌だ』って言って、それで『S』に行ったんですよ。名前はアニメから採ってるそうで、人気はあって予約が取れないみたいですよ」

——誰か有名人は乗せてませんか?

「昔、H（著名なIT起業家）を乗っけたことがあるよ。彼は『Y』で遊んでいたのよ。乗せた日も覚えてるけど、たしか彼が小菅（東京拘置所）に収監される前だったんですよ。たぶん弁護士さんだと思うんだけど年配のロンゲの人が上座に座って、その横にHが座った。どこかに電話してて『Hだけど、1200万円を振り込んで』って言ったんですよ。で『運転手さん、わかった?』って言うからミラーを見たら、Hの顔だった。『わかったよ。自分で名前を言えばわかるだろう』って返したんだけどね。『Hさん、こんなところにこなくてもいいじゃない?』って言ったら、『俺はバツイチだから堂々とこられるんだ』って、俺よりもソープに詳しいって言ってたね（笑）。それで翌月に小菅へ行ったから、それできたのかって思いました。

ほかに有名人で印象に残っているのは亡くなった歌舞伎役者のKさんかな。俺が吉原専門なのは酔っ払いが嫌いだからなんだけど、ちょうどお酉様の日に彼は鶯谷で女の子の肩を抱いて歩いてたんです。最初は酔っぱらいだから逃げちまえと思ってたんだけど、信号に引っかかっちゃった。『オイオイ』って追っかけてきちゃって『恵比寿まで行ってくれ』って。振り向いたらKさんだった。当時はナビがないから『恵比寿は道がわかんねぇ』って断ったんだけど、そしたら『明治通りを真っすぐ行けばいいんだ』って言うから、『じゃあ本当に真っすぐいくよ』って走らせたら、女の人が『天現寺で降りてくれ』って言う。それで言われた場所に着いたんだけど、お釣り用の小銭入れを蹴っ飛ばしちゃって、Kが中の小銭をポケットに入れてるんですよ。『何やってんだよ。オレの金だよ』って言ったら『お布施だ』なんて言うから仕方ないなと思って。でも金払う時にチップで別に1000円くれたけど、『俺の五百円玉を何枚も取ったから1000円じゃだめだ』って言ったら3000円くれました。でも、洋服置いて行っちゃったから戻って届けに行ったんで、結局は大赤字だよ（苦笑）」

——世間のイメージ通りの、いかにもKさんらしいエピソードですね（笑）。

話はよりディープな方向に

「あと話せることと言ったら、ポン引きの話かな。俺と同じ出身地、同じ年齢、同じ中学のポン引きがいて、こないだもお客さんを騙したんですよ（笑）。今年も年末年始、また騙すんだよ、あの人は……。今は名前がかわっちゃったんだけど、以前は『ドリーム』という名前だったラブホテルに客を連れて行っちゃうんです。

でもねぇ、そいつは2万円とかでちゃんとヤらせるよ。今なら明朗会計じゃないですか。お客も納得して入っていくしね。でも最初にお金を取っちゃうんだよね。取られたら行くしかないじゃないですか」

あまり知られていない話かもしれないが、吉原はボッタクリのポン引きが多い街だ。

ポン引きはソープランドとは無関係の、もぐりの風俗業者で『本日はボイラー故障で休業です』『混んでいるので別館へご案内します』など巧みな言葉で客をタクシーに乗せて、近くのラブホテルに移動。あとは外人女性が出てきて、ソープとはほど遠いサービスに客はがっかりして帰る……。吉原のソープでは別館に行くためにわざわざタクシーに乗せたりしないし、そもそも深夜12時を過ぎて開いている店はない。みなさんもくれぐれもご用心を。

「最近では裏引きの子がいるんですよ。『運転手さん』って声かけてきて自分の電話番号を置いていくんだけど、たまにお客さんを紹介してあげているんだ。こないだなんか何回かけても電話に出ない。その後に会った時に『お前、何度かけても出ねぇじゃねえか』って言ったら、『知らない番号からだったから出なかった』って。それじゃあ商売にならねぇじゃねえかって（笑）。それで『いくらでやってんのか』って訊いたら、2万円ぐらいだって。でも『運転手さんなら1万円でいいよ』って言ってきたけど、俺はいいよ（笑）」

——他に乗せた女の子で印象に残ってる話はありますか？

「10年ぐらい前かな。『ＳＤ』って店にすごい綺麗だった子がいたんですよ。金曜日だけ出勤してる子なんだけど、そこから3万円の店に移っちゃったんですよ。『なんでこんな所にいるの？』って聞いたら、高級店だと1本しか付かないことがあるけど、3万円の店へ移ってからは毎週必ず10万円は持って帰ってるんだって。でも、その子を最後に乗せた時に『もう辞めます』って言うから、『なんで？』って聞いたの。スポンサーが付いたって言ってましたね。

あと『ＳＤ』には私立の医学部の学生がいましたね。学費が払えないからってきてたんですよ。その子もスポンサーが付いて辞めていきました。

最近、上野駅の近所で女の子を乗せたんですよ。『今日、静岡から出てきた』って言うんだよね。『どこ行くの？』って聞いたら『吉原へ面接に行く』っていうんだけど、自分が行く店がわからない。『タ、タ、タ』って言うからヒント出してやったら『そこだ』っていうから向かったんだけど、以前『Ｏ』って店へ行ったら胸が小さいからって言われて落とされたって。でも店に着いたら1000円しかお金ないって言うんですよ。200円くらい足らない。『じゃあ出世払いだよ。今度乗った時に払ってくれりゃいいよ』って降ろしたんです。それっきり乗ってないから入ったかどうかわかんないんだけどね」

——運転手さん、いいとこあるね。

「だろぅ？（笑）あと都市伝説だと思うんだけど、『Ｐ』に有名なタレントがいたっていう話をみんなしててさ。そのタレントは俺は知らないんだけど、Pの先代の社長に『本当にいたの？』って直接聞いたことがあるんだ。社長は『そんなのいねえよ』って一言だけ言ったけど、ありゃあ『いた』って意味なのかな。あんたどう思う（笑）!?」

放っておくといつまでもマシンガントークがとまらない、吉原専門の流しのタクシー運転手は実に楽しい人物だった。また機会があれば、ぜひお話を伺いたいものである。

ただ、彼はあくまでタクシー運転手、風俗業界の外の人である。彼の話の中にはドライバーさんの勘違いや思い込みが含まれている可能性があるという点だけは、ご了承いただきたい。

【吉原の自治会幹部】

不破利郎
瀧波修

吉原の中にはホテルや旅館も数軒あるが、近年、廃業するケースが増えている。
写真の「日光荘」も2011年に廃業した。

読者の多くは吉原にはソープランドしかないと思っているかもしれない。しかし、吉原にも飲食店や花屋、洋服屋、旅館、病院、コンビニなどもあり、一般的な職種の人たちも大勢働いている。街の中には神社や公園も存在しており、マンションやアパートも多い。ソープランドがあることを除けば、一般的な住宅街と大きな違いはないのだ。

吉原で生活している人々は、自治会を運営している。彼らはソープランドを「お風呂屋さん」と呼んでいるが、自治会にはソープの経営者や運営会社は加入しておらず、それ以外の住民たちによって構成されているという。

吉原で暮らす〝普通の人々〟は、吉原という街をどのように見ているのだろうか？

自治会の幹部である「よし原六ヶ町会青年部」の不破利郎《ふわとしろう》さん、「江戸新吉原 連合青年部」の瀧《たき》波修《なみおさむ》さんのおふたりに、吉原の中にある喫茶店でお話を伺った。

吉原の文化を守り伝える活動

――今日はお忙しいところありがとうございます。まずは自治会の活動についてお話を伺いたいのですが、どのような活動をされているのですか？

不破「年間行事で言うと、1月は三が日に吉原神社の初詣で参拝客に甘酒を振る舞うところから始まって、2月は節分お化け……節分お化けというのは今でも全国の花柳界で行われていると思う

不破さんらが復活させた吉原のイベント「俄」の一幕、伝統の狐踊り。（撮影：著者）

のですけど、『仮装して鬼の目を誤魔化す』という意味のもので……」

瀧波「仮装パーティのようなものですね」

不破「昔は吉原にも花柳界がありましたので、その流れで公園で仮装イベントをやっています」

瀧波「妖怪大集合みたいな感じですね（笑）」

不破「後は4月に花魁道中、5月にお祭り」

瀧波「三社祭と同じ日程なんです」

不破「5月6月には他の町会のお祭りも開催されるので、そちらにも参加しています。8月は本来は〝俄《にわか》〟が開催されていたのですけど、暑いので現在は9月の初め、今年（2016年）は4日にやります。俄というのは江戸時代にやっていた行事なんです」

瀧波「八朔《はっさく》の日（旧暦の8月1日）に始まって1月かけてやっていたものです」

不破「吉原の仲之町という通りに以前はお茶屋さんがずら〜っとあったので、芸者さんや太鼓持ちが各々変装したり、山車《だし》の上で俄芝居をやって回ったというのが始まりです。それを現代風にアレンジしてやっています。本当は1月かけてやる行事なんですけど、今はお金も暇もそんなにないから1日だけ（笑）」

——俄が最近復活したというのは聞いていました。

不破「再開したのは、ここ3年くらいですね。売春防止法（昭和33年に完全施行）が始まるちょっと前までは続いていたんです」

瀧波「遊郭の歴史が終わるとともに廃れてしまったんですね」

不破「節分お化けも昭和30年ごろまで続いていたようです」

——そういったイベントを通して吉原の街を盛り上げているということなんですね。

不破「青年部を立ち上げたのは、２００７年です。吉原ができて３５０周年にあたる年だったのでイベントをやろうと思ったんです。でも、警察の指導が入って中止になってしまった」

２００７年、地元の人々が中心になって吉原３５０周年を記念し、花魁道中などのイベントが企画された。しかし、警察は「ソープランド＝売春」との認識から道路使用の許可を与えず、吉原活性化のためのイベントは中止に追い込まれた。

不破「記念イベントはダメでしたけど、それからしばらくしてお祭りをやるようになって、花魁道中を始めて、それから徐々に『お化け』や『俄』を始めたというのがここ3年くらいのことです」

多くの見物客が押し寄せる「花魁道中」（撮影：著者）

瀧波「神輿も30年あがってなかったんです。あげ始めて7、8年。去年、本社神輿を買いましたが、本社に神輿があるのも吉原の歴史で初めてのことです」

不破「昭和に入ってから子どもたちを集めて祭りをやりだしたんです。だから私が小さい頃は子ども神輿がメインでした」

瀧波「大人は30年くらい前、南千住の〝素盞《すさの》雄様《おさま》〟から神輿を借りてきて、のぼりを付けて担いでいたらしいですよ。当事の吉原は不夜城だったから、大人神輿は夜の10時、11時頃まで担いていたそうです。三社の神輿が終わるのが夜の8時頃だったから、そこから吉原に流れてきてすごい人出だったという話です」

――ボクは落語が好きでよく聞くんですけど、遊郭は当時の人々にとって気楽に行ける場所で、身内がつれてくるケースも多かったようですね。
不破「昔は奉公に行ってる丁稚さんだとか、職人の弟子であったりとかを、親方が『お前はもういい年になったのだから』って連れてくることが多かったんじゃないですか」
——お酉さまが栄えたのも吉原があったからですよね。
瀧波「『三の酉は火事が多い』ってのも実はこじつけで、旦那衆は『ちょいとお酉さん行ってくる』って言って吉原へ遊びに行っちゃうから、亭主が遊びに行かずちゃんと帰ってくるように、嫁さん連中が『三の酉は火事が多いから早く帰っておいで』って送り出していたという話もあります」

地元民だけでなく新規の住民も受け入れる

——青年部にはどういう方がいらっしゃるんですか？
不破「地元の方たちですね。ここの中で昔から商売をやっている人たち。私なんかは三代目になるんですけど、あとは最近越してきた若い人たちもいます」
瀧波「地元の人間だけではなく、マンションも含めていま吉原に住んでいる人なら入ることはできます。そこは他の町会とちょっと違いますね」
不破「会員は今だいたい30人くらいです。始めた当初は5人とか6人とか、それくらいでした」
——イベントを開催することで周囲の方たちが、『じゃあ自分たちも参加しよう』と入ってこられたわけですね。

不破「あとはスカウトですね。『お前住んでんだからちょっとこい！』って無理やり（笑）」

瀧波「実際、地元の人に限定すると難しい面もある。吉原は浅草の中でも年中行事が一番多い街なんで、やることがいっぱいあるから、人がいないと間に合わない。僕は吉原３５０年の時に外からきた人間なんです」

――青年部には女性の会員はいるんですか？

不破「います。近くに住んでる方です」

――ソープで働いてる子なんかで、『私も入れて下さい』っていうような子はいますか？

不破「なかなか働いてる子ではいないですね。それに働いてる子でも（店から）いなくなっちゃったらそれまでですし、ああいう子たちって人前に出るのを嫌がるから」

――吉原の歴史などを知らない女の子は多そうですよね。

不破「うちで花魁道中の花魁をやっていた子は、僕の同級生の娘なんです。もう引退しちゃったんだけど、その子は大学の卒論で花魁をテーマにしていました」

――庶民からしたら昔の花魁は、憧れの存在であったとも聞きました。

瀧波「浮世絵なんかは今で言うブロマイド扱い。現代の芸能人と同じような認識でしょう。そして情報誌が『吉原細見』じゃないですか。当時の吉原はすべてにおいて時代の先端を行ってたわけですよ。帯の締め方や着物の着方、ファッションのトップトレンドですよ」

不破「吉原は当初、大名や供侍を相手にしていたので、一般の人は入れなかった。江戸中期になり、太夫（当時の遊女の最高位）という位がなくなって花魁と呼ばれるようになってから、庶民も入れるようになった。それが蔦屋重三郎という人のお店で、それから浮世絵が流行って、吉原のことがだんだん世間に広まるようになり、江戸にきていた商人たちも入るようになる。地方からきた商人たちが遊んで地元に帰り、吉原で見たこと、覚えたことを根付かせていった」

瀧波「〝吉原つなぎ〟（四角形の四隅をくぼませた形を繋ぎ合わせて縞にした着物の模様）を見てもわかるように、あれをどこでもみんな真似して使っているじゃないですか。それだけ吉原の物って憧れたわけです。歌舞伎の題材にしても吉原の話ってたくさんある。日本広しといえども吉原ほど落語や講談、歌舞伎の舞台になった場所って他にないと思います」

遊郭の経営者だった祖父

——不破さんの小さい頃は、吉原に遊郭の時代の名残みたいなものはありました？

不破「私は昭和36年生まれなんで、売春防止法が施行されて3年ですね。物心ついた5歳くらいのときには、遊郭がダメになって旅館に変わったので、外壁とかそのままなところが結構残っていましたね」

——お生まれになったのはどのあたりなんですか？

不破「今は角町《すみちょう》っていう地名の、吉原の真ん中にある通りです。生家の跡地はホテルになっていますが、半分はお風呂屋さんになっています。当時は『三笠』って名前でした」

瀧波「不破さんのおじいさんが牛太郎《ぎゅうたろう》（今で言うキャッチ）で、そこから遊郭の経営者になられたんです」

――おじいさんはどのような経緯で遊郭を持たれたんですか？

不破「うちのおじいちゃんは明治20年代生まれの新潟出身で、お菓子屋の倅なんです。大正時代に東京に出てきて吉原で働き出しました。大正中期に店を持ったそうです」

――じゃあ、10年位で店を持ったんですね。

不破「大店の番頭さんとかが暖簾分けで独立するわけです。私の祖父はまず小さな店を始めて、戦前に今の角町の私の生家に店を持った。だから2軒持ってました。その後に最初の店を完全に閉めて、生家に移ったわけです」

――建物はいつ建て直されたんですか？

不破「戦後ですね。みんな空襲で焼けちゃってるから。今の建物も30年くらい前にビルにしちゃったんですが、その前は木造の2階建てで遊郭の名残がありました」

――昔の大店は今では考えられないくらい規模が大きかったですよね。

瀧波「150坪とか200坪とかですよね。吉原公園も元は『大文字楼』という遊郭の大店だったでしょ」

――不破さんの小さい頃って遊郭が終わって、ヌードスタジオとかがあるちょうどその頃だと思うんですけど……。

不破「昔は射的屋もあったし矢場（弓矢を使った射的屋）もあった。床屋や豆腐屋、民謡酒場もあった。戦後に遊郭がダメになってからは地方からのお客さんを相手にするようになりましたね。吉原は上野から近かったから、東北の人を呼び込もうと民謡酒場が盛んになった。松葉屋さん（観光客を相手に花魁ショーを観せていた料亭）も、はとバスのコースになったしね」

――はとバスのコースになったのはいつ頃ですか？

不破「昭和36年ですね。売防法から3年くらい経ってからです」

瀧波「久保田万太郎（俳人・作家）の指導のもと、松葉屋さんが花魁ショーをするようになった」

――松葉屋さんっていつまでやっていたんですか？

不破「平成2、3年ですね」

瀧波「よく歌舞伎役者が遊びにきていたし、松葉屋さんってすごかったんですよ」

不破「ほかにはこの界隈に以前あった『鈴の音』もすごかった。その奥座敷は普通の人が入れなくて、古今亭志ん朝とか、柳家小さん（先代）とか、立川談志とか、柳家小三治とかがいつもいて、噺家さんのたまり場になってました」

――場所はどのあたりなんですか？

不破「吉原神社の隣の隣。今はマンションになっています」

脳裏に刻まれた遊郭の記憶

――小さい頃は吉原中が遊び場だったんじゃないですか？

不破「そうですね。吉原からあまり出ないんですよ。昔は空き地も結構あったし、家もそんなに閉ざされてない。私が子供の頃ってお風呂屋さんは1軒か2軒ぐらいしかなくて、お風呂屋さんが増えだしたのは中学の終わりから高校くらいにかけてですね。

昭和45、46年、私が小学校の4年くらいの頃は、お姐さんがみんなトルコウェアを着てて、夏になると『花火をやるからおいで』って、みんなトルコウェアを着ているところに呼ばれて、一緒に花火やった思い出がありますね（笑）」

――トルコウェアって、あれっていつまで着ていたんですかね？ 今でも客室のクローゼットの中に入ってるそうですけど。

すると、ここで取材場所の喫茶店のママが登場した。

「昭和52～53年ごろまでですかね」

ママもソープ嬢の経験があるそうだ。当時のトルコ嬢はトルコウェアと呼ばれる専用のユニフォームを着用して接客していた。当局の指導があったわけではなく、『トルコ嬢は役割は客のアカスリ』という建前のもと営業していたので、トルコ風呂の組合側で女性に着用させていたらしい。

しかし時が経つに連れて、なし崩し的にトルコウェアを着用することはなくなっていったようだ。
——その頃のお姐さんって、今と全然違いますか？
不和「違いますね。だって今は個人個人だけど、昔は一緒にこう……家族っぽい遊郭の頃の名残がありましたよね。うちの親父は吉原でなく、埼玉県の大宮でお風呂屋さんをやっていたんだけど、働いている人を旅行に連れていったりしてましたもん」
瀧波「昔は人情がありましたよね。『出前持ちが個室に出前を持ってきたところで、お姐さんが部屋の鍵をかけて誘惑した』なんていたずらをした、という話が昔はよくありましたから（笑）」
不破「そうそう、走りの頃に始めたお風呂屋さんって、リネンがなくて家族総出で洗濯していたんですよ。昭和30年代ってリネン屋さんってなかったですね。だから最初に始めたリネン屋さんは大儲けだったでしょうね」
喫茶店のママ「リネンの埼玉屋さんは、昭和50年ごろにはありましたよ」

全盛期の家賃収入は１ヶ月５００万円

——ソープランドがどんどん増えていく過程で、街の雰囲気は変わっていったんですか？

不破「街としては賑やかになってきたけれど、昼間に学校から帰ってきた頃は静かでしたね」

——当時のソープランドは地元の方が経営されていたんですか？　それとも外からきた人が土地

を借りたりして建てたんですか？
不破「半々じゃないですか？　でも協会に入っていた店は地元の人たちの経営ですね」
——一番賑やかな頃だったのは、バブルの頃ですか？
不破「それよりも、ソープランドが増え始めた昭和50年代が賑やかでしたね。バブルの頃も24時間やっていたけど、終わり頃にエイズ問題があって、それでガクっと客足が落ちた。それと風営法が改正されてみんな駄目になりましたね」
瀧波「それまでは千束通りも吉原に行く往来が多くて、夜中うるさくて寝れなかったぐらい」
不破「タクシーも数珠つなぎでしたしね」
瀧波「その頃は飲んだ後に、『ちょっと吉原へ行っちゃおうか』ってノリでみんなくる。風営法の規制がかかってからは早朝（営業）の時代になって、日の出にならないと店が開かないから朝まで飲んで『よし、吉原だ‼』って（笑）」
——吉原で一番最初のソープランドってどこなんですか？
不破「（吉原）神社の隣りにあった『スーパートルコ』ですね。今は普通の民家になってます。スーパートルコは2軒くらいあったのかな。昭和40年代の頭くらいまでは3、4軒くらいしかなかったんですよ」
そもそも日本で最初にトルコ風呂ができた場所は、銀座であった。１９５１年に『東京温泉』に併設された施設として始まったのだ。その頃のトルコ風呂では女性は客のアカスリをするのが主な仕事であって、今のような性風俗の店ではなかったそうである。その後トルコ風呂が広まり定着していく過程の中で、性風俗へと変遷していった。

――最初のトルコ風呂って銀座ですよね。どうして吉原に持ってきたんでしょうか？

不破「江戸時代には湯屋（1階で客の体を洗って、2階で体を売る）ってのもあったし、トルコ風呂も風呂屋だから似ているからじゃないですか」

瀧波「それに女郎たちはいるわけだから、この子たちを活かしてトルコ風呂をやるのもいいんじゃないかという発想はあったんでしょうね」

不破「敷地も200軒近くある昔の遊郭を建て替えるだけで、普通の人間は住んでないわけですから。当時のこのあたりの表側は旅館だとかがあったけど、浅草の地場産業は靴屋で、路地の方は靴の工場が多かった。地場産業がダメになってきて『お風呂屋さんが儲かるよ』ってなったときに、みんなお風呂屋さんに変えちゃったんです。土地を持っている人は他人に貸して、家賃収入を得た。全盛期は1月500万円くらいの家賃だったと思う」

――すごいですね……。

不破「だから建て替えてもすぐにペイできちゃう。その頃の女の人もがんばれば月に200万円くらいは稼げたんじゃないかな」

――飛田について書かれた文献の中に、『息子たちにはちゃんと教育を受けさせて、他所へ行って欲しい』って書かれたものがあったんですが、吉原の人って何代もずっと住んでおられる人が多い気がします。これって〝自分の土地を愛してる〟じゃないけど、江戸っ子気質なんですかね？

瀧波「でも吉原の人は昔も地方からきた人が多かったんですよ。この辺に住んでる人で女の人はいないから、東北方面の人とかが結構多かったりするんですよ」

不破「吉原って結構、養子が多いんですよ。うちのお祖父さんも養子で新潟から出てきたんです。お祖母さんは遊郭とは関係ないんだけど」

——沖縄の人が意外と多いですよね。

不破「今はボーイさんが沖縄からきている人がいるんじゃない？」

瀧波「女の子はもともと東北とか北海道とか新潟とか、そっちの方が多いですね。色が白いから商品価値が高かった」

——不破さんは、初めての人はお姐さんですか？

不破「ん？　えっ⁉……（笑）私は違います。住んでると行けませんよ（笑）」

——当時は住民とお風呂屋さんとの交流はあったんでしょうか？

不破「町内会を通じて住民同士のつながりはあったけれど、お風呂屋さんとはそうでもなかったですね。お風呂屋さんをやっていた人は、組合を通じて他のお風呂屋さんと仲がいいみたいでしたけど。でも、お風呂屋さんに全然タッチしていないところは、まるっきり付き合いがない。今でもオリンピックがあって刺激するとマズイから、お風呂屋さんを巻き込めない。オリンピック終わるまではちょっと厳しいですね」

街に横たわる将来への不安

——今と昔では街もだいぶ変わってきているじゃないですか。何が一番違いますかね？

不破「普通の飲み屋がなくなりましたよね。あとは旅館がなくなったことで生活基盤が壊れてきて、豆腐屋さんがなくなったり床屋さんがなくなったり。お風呂屋さんになっちゃった店もあるし」

——床屋さんはいつ頃くらいまであったのですか？

不破「床屋は中学まではあったかな。私が3歳くらいの時に仲之町にできて、近くに髪結い（パーマ）屋さんが1軒あって、そこはお風呂屋さんの女の子で結構繁盛していた。要するに江戸時代から生活のすべてが吉原の中で完結していたわけですよ。食べ物屋さんから何から。ちょっと離れれば仕出し屋もあるし、着物屋さんもあったから」

瀧波「リサイクルの着物屋さんとか、洗い張り屋さんとか、床山《とこやま》さんとか。今でも花園公園の近くには建物が残っていますよ」

「洗い張り屋」は和服を洗濯してくれる業者、「床山」は相撲の世界でも言葉が残っているが、髪を結う人のことである。

不破「吉原から外に出ないんですよ。昔は賑やかなことをやらなくてもよかったけど、街はだんだん寂れてきて、お風呂屋さんもこれからどんどん減っていく可能性があるじゃないですか。今は

140数軒だけど5～6年前までは160軒くらいあったわけだから」
――今はさらに減って120軒ちょっとですよ。
不破「どんどん減って駐車場なんかになってきている。なくなった時に慌てて何かをやろうとしても遅いんです。私たちは吉原ってところを文化的に残そうと思って、それで活動を始めたところなんですよ」
――今、街の裏側とかには新築の家が建ってるじゃないですか。すごいですよね。
不破「マンションとかが多くなりましたね。米軍の基地問題もそうなんだけど、後からきた人間は、わかっててきたはずなのに『環境が悪い』とか文句を言うんですよね」
瀧波「『お前わかってるのか⁉ こちとら360年の歴史があるんだぞ』って言いたいよね（笑）」
――現実にソープランドが密集していることに対して、苦情を言う住民もいるんですか？
不破「います。今のところは大人しいけど、これからどんどん色んな人間が越してくるから。まだメインの方はマンションがあまりないけど、その辺りに空き地ができてマンションが立ち始めると、バランスが崩れるような気がしますね」
お話を伺っているところに偶然、正統派の古典で知られる真打ちの噺家・柳亭小燕枝師匠が喫茶店に入ってこられた。ボクが吉原を取材にきた作家であると不破さんからご紹介いただくと、小燕枝師匠はボクらに話しかけてこられた。
小燕枝「吉原はねぇ。昔、洋式トイレが普及するのが早かったんですよ。なぜだかわかります？」

――いえ、全然……。

小燕枝「和式［あちき（昔の廓言葉で『私』のこと）］は嫌でありんす」

一同（爆笑）。

取材の後日、吉原のお祭りである「俄」と「花魁道中」を取材した。

9月に開催された『俄』では吉原の一角にある花園公園で、狐に扮した人たちがコミカルな踊りを踊り、千束保健福祉センターでは幇間連による芝居や落語家による寄席が開かれた。また4月に開催された『花魁道中』では、午前中の地域の子どもたちによる行進に始まり、午後には歌舞伎役者（に扮しただけの人かも知れないが）や『俄』で主役となる狐に扮した人たちの先導で、花魁たちの行進が千束通りをまたぐ形で開催された。どちらの祭りもとても多くの人出で賑わった。

一方で『花魁道中』が開催されたのは『一葉桜小松橋通り』と吉原を離れた浅草の一角であり、吉原で開催することは叶わなかった。『売春街である吉原の祭りに公共の道路を使うことはまかりならぬ』との警察当局の意向があり、吉原での道路専有許可が下りないことが理由であるらしい。このあたりに吉原という街の立場が表れているといえるだろう。不破さんら自治会の人々の努力が実り、吉原という街が再び甦生する日がくることを祈りたい。

【コラム3】歴史のある街・吉原

現代の吉原は台東区千束四丁目あたりに広がるソープランド密集地域を指すが、当初はこの地ではなく、現在でいう日本橋人形町付近に開かれた。当時の人形町付近は『葦《よし》が茂る原』であったことから、『吉原』の名前が付けられたとの説もある。この時の吉原を『元吉原』と呼ぶ。江戸の拡大とともに幕府は吉原の移転を命じ、現在地に新しい吉原が開かれることになる。これを『新吉原』と呼ぶ。元吉原が開かれたのが元和3（1617）年、新吉原への移転が命じられたのが明暦2（1656）年。つまりは本書執筆の時点（2017年）で元吉原開設400年、新吉原移転の命令から361年が経過したことになる。

遊郭の文化はそれほど長い時間が蓄積されてきた。当時の吉原には芸姑や幇間《ほうかん》（太鼓持ちのこと）もいて、一大エンターテイメントの場であった。太夫を描いた浮世絵は衣装や髷を江戸市中の社会の女性たちに広め、芸姑の音曲や踊りや、後には文学作品や芝居、落語の題材になるなど、流行の発信基地としての役割も果たしていたといえる。

歴史的に見た遊郭・吉原の立ち位置

そんな遊郭文化を研究している人は少なくない。多くの人の記憶を辿って話を聞き、資料館から国会図書館へ至るまで足繁く通い資料を探す。ボクの友人である近代日本女性史研究者の山家悠平《やんべゆうへい》さんもその一人だ。

現在は京都造形大学で非常勤講師を務める彼は、女性の労働環境を研究する中で遊郭の女性に行き着き、京都大学大学院の修士論文を『遊廓のストライキ：女性たちの二十世紀・序説』（共和国）として出版するなど遊郭にも詳しい。京都・四条河原町の喫茶店でお話を伺った。

「堀江宏樹氏の『三大遊郭』（幻冬舎新書）によると、1700年ごろの吉原の太夫・格子（太夫に準ずるランクの遊女）といった最高クラスの遊女の人数が合計して20名であったのに対し、ほぼ同時期の島原では太夫38名、天神（関西で言う格子のこと）が91名、新町では太夫29名、天神54名とありますから、格式という点から見ると京阪のほうが文化的に洗練されていたのではないかと思います。しかし遊女数で言えば、島原や新町の遊郭を遥かにしのいで日本一であったのは間違いないですね」

――他の遊郭に比べて吉原の特異性は感じたことはありますか？

「歴史がある分、クラス分けがしっかりされていたという点は感じますね。たとえば働いている

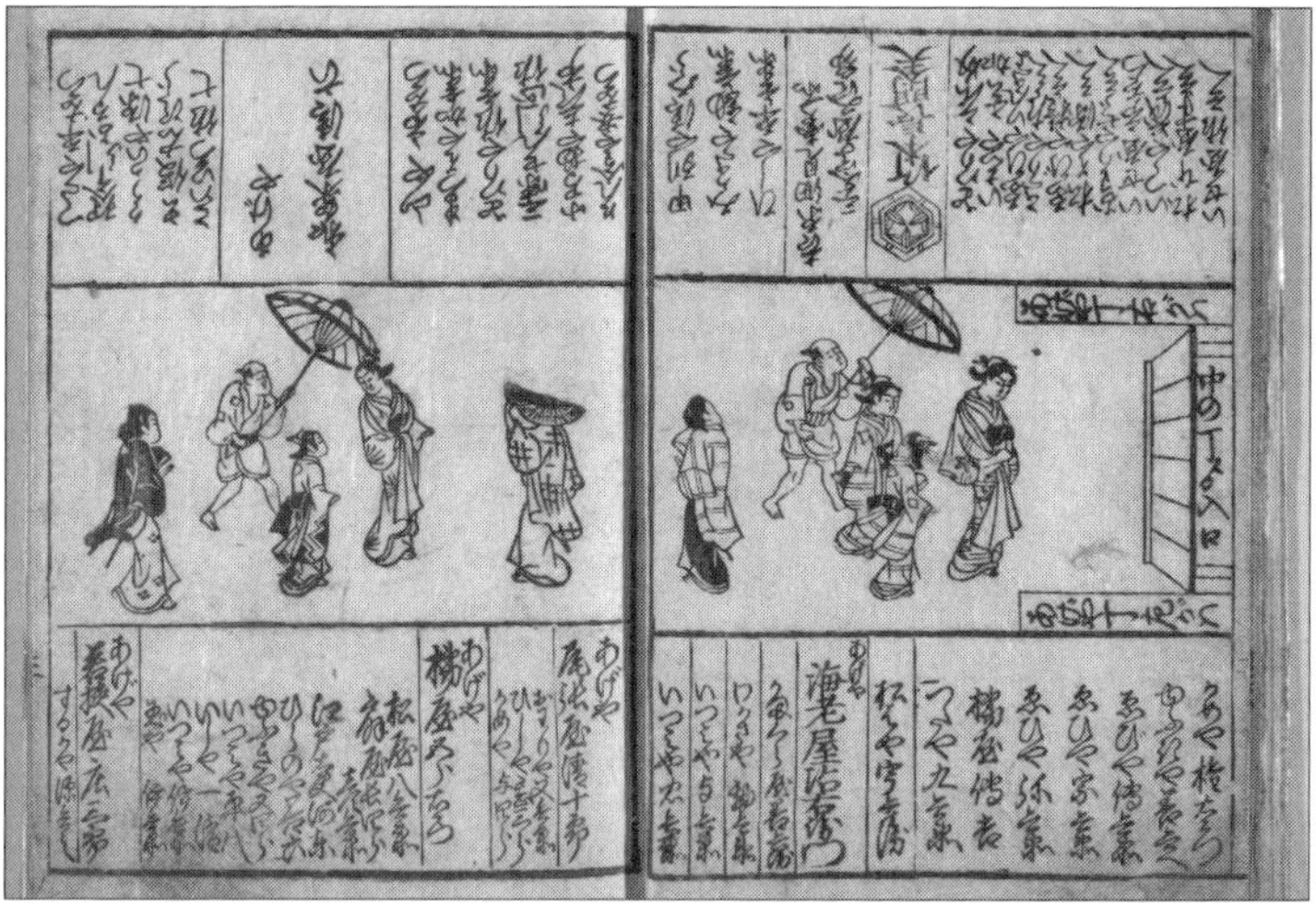

元文5（1740）年に発行された『吉原細見』。いまでいうガイドブック的な存在だった

女性が売れていくに従い太夫になったりとか、その分稼げない女性にとっては大変だったんじゃないかなと思います。

地方の遊郭に行くと娼妓さんも芸者さんもごっちゃになっていて、芸者さんが二枚鑑札で娼妓さんとして働いていたみたいなところがあるんだけど、吉原の場合は衣装も地味で、あくまで芸を売る立場で座敷に出ていたとあります。この規模になると住み分けがしっかりしていたっていうのが証言の中で出ていますね」

埋もれた歴史の探求者

1730年代から160年間にわたって刊行された『吉原細見』という書物がある。これは遊郭のガイドブックともいえるもので、どの妓楼になんという名前の遊女がいるのか、といった情報が掲載されており、現代の風俗情報誌や風俗情報サイトの原型といえるようなものだった。吉原を舞台とした物語や遊郭内を取り上げた書物もかつては多数出版されていたようだ。

しかし、時代を経るにつれ、吉原が表舞台に出てくることは減ってきた。売春防止法などの法律が施行されたことにより、街からは遊郭が消え、その記憶も失われてしまった。

そんな中、歴史に埋もれてしまった遊郭関連の資料を発掘し、それを再び世に出す活動を行っている人物がいる。全国の遊郭跡を訪れて調査し、遊郭を取り上げた古き図書を探し歩き、その活動のなかでカストリ出版を設立した渡辺豪さんがその人である。渡辺さんは2016年に復刻した書籍や関連書籍を販売する実店舗を吉原の一角にオープンさせ、その活動を全国紙が次々と取材し記事にしている。ボクは遊郭研究家の立場から見た吉原の話をぜひ聞きたいと思い、カストリ出版の店舗「カストリ書房」を訪れた。

――カストリ出版さんは設立してどれくらいになるのですか?

「設立したのは2015年ですね。僕自身が遊郭というものが好きで調べていたんです。調べ方としては道程調査というか、全国ほとんどの遊郭がどこにあったかすらわからなくなってるので、現地に行って調べて近所の人から聞き取り調査をしていたんです。

それをフィールドワークとしてやっているのですが、人の言葉ってなかなか本当のことかどうかを確定するのが難しいんですよ。誤っていることもたくさんある。そのために文献などで裏付けを取っていたんですが、いざ文献を探そうとするとことのほかないものだと気づいたんですよ。

2年くらい毎週土曜日に国会図書館に通って、関連する資料を漁っていたんですけども、意外と資料が存在しない。発行されているのは間違いないんだけど、所蔵されていない書籍がたくさんあったんです。とくに戦前戦後に発行された雑誌の類が壊滅的にない。兎にも角にも資料がないということが判ってきたので、『じゃあ自分で復刻しよう』と考えたのがひとつのきっかけです。遊郭というものは、サブカルチャーの範囲の中で認知されている。いいか悪いかは別にして、遊郭はSNSなどでイロモノ的に扱われていたり、B級スポットのような言い方をされているものもある。それを見て興味を持ち始めた人が僕のように調べ始めたら、同じように資料がないという壁に突き当たってしまうのは明白です。それなら商売として成り立つかなと思いました」

――店舗を構えるとなったときは、やはり象徴的な土地として吉原を考えられたわけですか？

「扱っている内容が内容だし、『日本で一番有名な遊郭跡は？』って聞かれれば、大概の人は『吉原』って答えるんじゃないかと思います。遊郭にゆかりのある場所に店を開きた

マニアックな書籍が並ぶカストリ書房

ノスタルジックな雰囲気の店内

いという考えはありました。

僕は2年くらい前までこの近所に住んでたんですよ。その時に賃貸の部屋を探した経験から、このあたりの家賃が周辺に比べて2割ほど安いということも知っていたんです。安い理由は単純に『イメージが悪い』、それだけなんですよね。不動産会社に行って『この辺の物件を探してます』って言っても、『この辺は風俗街だから治安は悪くて』みたいな話をされるんだけど、実際に住んでみたら全然そんなことはない。ソープランドは12時きっかりに閉まるじゃないですか。酔っぱらいがくだまいて歩いてるわけでもないし、コンビニの前で若者が奇声を上げているわけでもない。このあたりって、良くも悪くも老人の街なんですよ。だからすごく静かなんですよね。

どこの商店街もそうなのかもしれませんけど、空き部屋問題があるじゃないですか。見渡してみるとこの街も当てはまっていて、使われていないであろう家屋が沢山あるんです。そういう条件が一致して、この街がいいかなと思って店を借りました」

吉原がたどってきた典型的な道筋

――ボクも取材を始める前は、吉原に対して〝昔の遊郭の街〟〝今はソープランドの街〟っていうイメージを、それこそ刷り込みのような感じで持っていたのですが、何度も足を運んでいるうちに普通に生活のある街だということがわかってきました。他の歓楽街に比べても、いろんな人が入り組んで暮らしている街だなという印象がありますね。

「調べてみると、遊郭時代に妓楼があった土地の半分以上が、いまはソープランド以外の住宅やマンションに変わっています。吉原は住宅街に侵食されて、生活の場になっているんですね。

これはちゃんと自分で調査したわけではないですが、ソープランド自体が衰退しているというのは間違いないと思います。たとえば大阪の飛田なんかに行くと、スーツ姿のサラリーマンが５、６人のグループになって、ワイワイガヤガヤ通りを冷やかしながら歩いているじゃないですか。でも、吉原はソープの街というわりには、あまり表を人が歩いていない。もちろん、他の地域に比べるとダントツで店舗数は多いのはたしかですが、それほど活気があるわけではないですよね。

この話をすると『吉原には送迎があるから』と反論される方もいますけど、以前にソープランドのボーイをしていた人に聞いたんですが、３年前に比べてもいまの吉原は元気がないという。店舗型性風俗というのが難しくなっているのだろうと思います」

――他の遊郭街と比べたとき、吉原に特色があるとすれば何でしょうか？

「旧遊郭には2パターンあると思っています。ひとつは遊郭があった場所がそのまま歓楽街として生き残っている場所……、たとえば飛田もそうだし、スナック街に変わった街もあるでしょう。もうひとつは単なる住宅街になってしまった街。この分類だと吉原は前者に属するんですけど、色街として生き残った旧遊郭地の中では、吉原は比較的ありがちな経緯をたどった街だと思います。吉原は昭和30年前後にボーリングをして、温泉街として生き残りを図ったことがあるんですが、それは売春防止法が施行された頃、全国各地の遊郭地で見られたことでもありました。『吉原は何か特別な色街であったか？』と聞かれれば、ボクはべつに特別な経緯を辿った街だとは思っていません」

——特別な遊郭街ではなく、むしろ典型例であったと？

「僕はそう思います。もし特異な点を指摘するとしたら、『いつの間にか陸の孤島になってしまった場所』ということではないかと思います。たとえば飛田の場合は、動物園前駅であったり新今宮駅であったり、公共の交通機関が近くにある。でも吉原・山谷エリアに関しては路面電車がなくなってしまって、一気に陸の孤島化が進んでしまった。吉原遊郭という名前を聞いたことがある人はものすごく多いと思うのですが、場所を答えられる人は少ないんじゃないかなと思います。なんとなく東京の東側で、浅草に近いと時代小説で読んだことがあるけど、東西南北で言うとよくわからない……といったように。ちょっとわかりづらいので、近代になって忘れ去られてしまったような感覚がありますね」

渡辺さんによると、昭和30年代に吉原で温泉を採掘されたという話は、文献に残されているそう

明治後半の吉原大門から見た仲之町。通りの両脇に茶屋が立ち並んでいる（『東京名所写真帖』）

である。しかし、吉原の住民の方々に聞いても、覚えている人はなく詳しい話を聞くことはできなかった。『記録と記憶の乖離』、吉原の近代史を探ると、しばし遭遇する現象である。

忘れられた街の記憶

――これまでの吉原の歴史の中で、とくに興味を持たれた事象はなんですか？

「僕が興味深いと思うのは、さきほども話しましたけど〝忘れ去られている〟というところですね。吉原って聞くと江戸時代の『花魁が派手な着物を着て、かんざしを挿して』といったものを思い浮かべると思うのですが、統計上、遊郭の店舗数がもっとも多かったのは明治時代の後半で、実は近代的なものなんです。売春街も戦後が一番多かった。そう考えれば遊郭は近現代のものなんですが、遊郭のイメージが〝花魁〟に固定されているのが興味深い。

明治後半の遊郭全盛時のことを知っている人は、本当に少ないですね。話を聞いても『ここは昔、花魁さんがいたところだ』とか、吉原遊郭の一般的な情報しか返ってこなくて、80歳以上の人でないと戦後のことでしっかりとした話は聞けない。現代と中世の間の話がスッポリと抜けちゃってる気がします」


——吉原を文化的な街として盛り上げようとしている方にも話を伺ったんですが、〝歴史ある街〟という話は聞けても、吉原がソープランド街になっていった経緯についてはあまりハッキリした話は聞けませんでした。


「そこは歴史の掘り起こしが一切なかったためだと思います。売春防止法の施行をどのようにして乗り越えたのか、トルコ風呂時代からソープランドの時代へどう変革していったのか、といったことを整理して残していないために、歴史からスッポリと抜け落ちているんです。

いまから歴史を掘り起こすのも簡単ではありません。吉原には昭和50年代に移り住んできた住民の方も多い。地元の人だからといって、多くのことを知っているわけではないんです。

つい最近、〝なるかわさとし〟という、戦後に吉原の組合長をしていた方が残した資料を入手しました。吉原の組合長ということは全国の赤線業者の会長ということです。その組織は戦後に〝性病予防連合会〟と名前を変えているんですけど、街の方の何人かに『この方のことを知りませんか？』と聞きましたが、誰も知らなかったんです。それくらい情報が断絶しているんですね」

――組合の会長すら忘れ去られてる？　かなり多くの情報が失われてしまっているのですね。

「吉原を調べようとすると、きっとすごく難しい街なんじゃないでしょうか。街の証言はあまり芳しいものが得られないだろうし、資料に頼ろうとすると、結局、台東区立中央図書館にある郷土資料室が一番ということになる。そうなるとどうしても座学的なものがメインになってしまうんですよね」

吉原の歴史と浅草文化の関係性

――街の歴史を調べる上での突破口になるようなものはないんでしょうか？

「僕は吉原の文化は浅草とセットで考えなければならないのでは、と思っています。繁華街・歓楽街としての浅草という認識は、今では全然ないですよね。いまは観光地だけれども、昔はあそこは遊びにくるところだった。浅草の没落と吉原の没落はリンクしているのではないかと思います。浅草の没落は、そこからカルチャーが生み出されなくなったからです。なぜカルチャーが生み出されなくなったのかと言ったら、あそこからお金が生まれなくなったからでしょう。六区には昔は数多くの映画館もありましたよね。当時の最先端のエンターテイメントの一大集約地が浅草だったわけですから。でも新しい遊び、新しいエンターテイメントを、他の街に比べて今の浅草は提供できていないのだろうと思います。吉原もそうなんじゃないでしょうか。たとえばトルコ風呂は当時、最先端の遊びだったわけですよね。遊郭も同じです。遊郭は戦前から没落し始めて、カフェやバーといった新しい遊興産業に押されていくわけですけど、ソープランドが広がった後に吉原は新しいものを提供できていないですよね」

――渡辺さんは吉原の今後をどのように見ていますか？

「性産業はなくならないっていう人が多いですが、僕の意見は違っていて、完全になくなることはないけれども総量はだんだん小さくなっていくんじゃないかという気がします。これだけ少子化が進んでますし、性欲を含めていろんな欲望がどんどんインターネットに取り込まれています。昔は遊ぶものがなかったからこそセックスは産業になった。いまはゲームやスマホなどのエンターテイメントがどんどん周辺にできている。その中で売春というエンターテイメントの価値が相対的に下がっているんだと思います」

渡辺さんの意見は直球で、まさに現状をクールに分析していると感じた。

『ソープランドが新しいものを提供できていない』というのは吉原に限った話ではなく、性風俗産業すべてに当てはまる話である。性風俗産業の市場縮小を食い止めるためには、きっと過去の歴史や成功例がヒントになるはずだ。渡辺さんのような人物が発掘した資料が必要になるときが、いつの日かやってくるかもしれない。

【伝説の風俗情報誌の発行人】

樹水駿

仲之町通りと交差する江戸町通りにもソープランドが密集している。
〝レトロ〟な佇まいの『角えび本店』が目を引く。

かつての吉原において、一見客は女の子を選んで遊ぶことはできなかった。指名ができるのは以前にその女の子と遊んだことがある人物か、その人物からの紹介で来店した人のみで、一見客には控えている女の子が順番に割り当てられるのが普通だったのだ。

そんなソープランド文化を一変させた人物がいる。おそらく日本で最も多くの風俗嬢を撮影したカメラマンであり、〝風俗界の巨匠〟と目される樹水駿《きすいしゅん》さんがその人である。後に風俗情報誌『ナンバーワンギャル情報』、情報サイト『FUNFUNWEB』を起ち上げ、発信者として風俗情報メディアを広めた樹水さんにお話を伺った。

小説の中の風俗嬢へのあこがれ

——樹水さんが風俗の写真を撮ることになったきっかけは何だったんですか？

「高校時代に読んだ、五木寛之さんの『青春の門』という十数巻もある大河小説がきっかけですね。主人公の伊吹信介ってのが九州の筑豊出身なんですけど、高校を卒業して東京に出てくるんですよ。早稲田大学に入って、入学式のときに不良の上級生に声をかけられて新宿二丁目に連れて行かれる。その当時は赤線があって、そこでカオルっていう娼婦と出会うんですね。彼女の描かれ方が当時の僕にとってものすごく衝撃的だったんです」

——カオルはどういう人物なのでしょうか？

「その頃の新宿二丁目の赤線っていうのは、今で言うチョンの間みたいな感じだったと思うんですけど、カオルの部屋には本棚があって専門書がズラっと並んでいるわけですよ。その専門書は学生が質草に置いていったものなんです。カオルはお金がない学生を相手に、専門書を質草に客をとっていたわけなんです。そういう優しさを持っていた女性で、質草の専門書を読んだりするインテリな一面も持っているんです。しかも美人で、伊吹よりも少しお姉さん。作品の中では彼女が赤線にいる理由は語られてないんだけど、いろんな経験をしてきて人生を知ってるような人なんですね。それを読んでいたら、カオルが理想の女性に思えちゃったんです。だってその当時の僕の周りには水商売の女性もいないから、お化粧をしているってだけでドキドキしちゃったりするわけですよ」

——その気持はわかります。

「デパートのエレベーターガールが香水をつけてたりするだけでドキドキしちゃうような少年がそういうのを見て、憧れちゃうわけですよね。刷り込み効果というか、娼婦イコール〝カオル〟みたいな感じだったので、そういう場所には〝カオル〟みたいな人がいるんだって思ってました。でもお金もないし実際に行くこともできない。だから娼婦モノみたいな作品を結構読んでましたね。そういう仕事をしている女性が自分の中で理想みたいになっちゃったんですよね」

——その憧れが後の風俗写真につながるわけですね。

「僕は普通に大学を出て、いろいろあってカメラマンになって、コマーシャルを制作するスタジオにいたんです。付いた先生が〝物撮り《ブツドリ》〟専門の人で、お中元とかお歳暮とかいろんな商品を撮っていたんだけど、僕は全然面白くなかった。『これを一生撮っていくのか』と考えたときに、なにか違うなと思ったんです。『自分が何を撮りたいのかな?』と考えたときに、『人間かな……』と思ったんだけど、当時はコマーシャルの世界にいたから、人間を撮るとなるとファッション写真くらいしか思いつかない。それでスタジオを辞めて、ファッションの勉強をするためにパリに行こうと準備していたわけです。そんなときにたまたま入った古本屋で、ミリオン出版が出した『全国高級トルコガイド』っていう本に出会ったんです」

1981年1月にミリオン出版から刊行された『全国高級トルコガイド』は、現代の風俗誌の原型とも言えるもので、各地のソープランドの情報やソープ嬢の写真を掲載した、当時としては画期的な内容であった。

運命の女性〝カオリ〟との出会い

「当時は『トルコ』っていうものは知っていたんだけど、行ったことはなかった。『そういうところで働いている女の子を紹介する本があるんだ』っていうことに衝撃を受けて買って帰ったんです。でも載っていたのは、記者が手持ちのカメラで体験取材のついでに撮ったような汚い写真で、本の用紙も新聞みたいなザラ紙。モノクロで目にマジックみたいなもので線を入れている。でも、その中にものすごく気になった子がいて、会いに行ったんです。それが川崎の南町のお店で、名前が

〝香織《かおり》〟って女の子。仮名にすると〝カオル〟と1文字違いだけど、今思えば偶然とは思えないよね」

——実際に会われていかがでした?

「すごくドキドキしたねぇ、実際の初体験よりもドキドキしたと思うよ(笑)。僕が考えていたようなインテリではなかったけど、キレイで優しい子でした。その時に『なんでこの子はココにいるんだろう?』っていうのを聞きたいんだけど、なんか聞いちゃいけない気がして……。帰ってから『彼女はどのような環境の中で育って、どうしてあそこにいるんだろう』みたいなことを考えました。でも客として行ってもそんなことを聞けないし。そう考えたときに初めて『この子の写真を撮りたい』って思ったんです。でも客が『写真を撮らせて下さい』って言っても、撮らせてくれないじゃないですか。その当時、写真が出てる子なんていないしね」

『全国高級トルコガイド』(ミリオン出版)

女の子の写真が載った風俗情報がメディアやネットに蔓延しはじめたのは、かなり最近になってからの話である。

「悶々といろいろ考えて、ひとつ気がついたんですよ。ミリオン出版の本というのは誰かが行って写真を撮って、話を聞いているわけですよ。ということは本を出すことを前提にすれば、写真も撮れるし、話も聞けるんじゃないかって。どう考えても僕の方が写真はうまいから、僕が撮ればこの本よりももっとキレイにできる。そう考えて、本を出してくれそうな出版社に軒並み電話をして『トルコ風呂で働いている女の子の写真集を撮ろうと思うんですけど出してくれますか？』って聞いたら、当時のセルフ出版（現・白夜書房）が二つ返事で『いいですよ』って言ってくれたんです」

——すごい行動力ですね。撮影は順調に進んだんでしょうか？

「まずは『ヘッドロック』というエロ本に写真を載せましょうということとなりました。それで大喜びで『取材させてください』ってお店に電話をするんですけど、全然相手にしてもらえない。けんもほろろに断られちゃった。考えてみると、その当時はいまと違って売手市場なんですよ。どこの店も客がすごく入っているから、別に取材を受ける必要はない。それが週刊誌ならともかく、聞いたこともないようなエロ本ならなおさら意味がないわけです。それで考えて、アプローチを変えてみたんです」

ローラー作戦で5軒の撮影に成功

——どうやって攻め落としたんでしょうか？

「『自分はプロのカメラマンで、すごくキレイに写真を撮ります。撮った写真は記念に差し上げますので撮らせてくれませんか？』って提案するようにしたんです。そうしたら『じゃあ、きてみろ』って言ってくれた店があって、5軒も撮影できたんです」

——撮影に協力してくれたのは吉原のお店ですか？

「当時、僕は川崎に住んでいて、堀之内や南町まですぐだったので、最初はそこから攻めていきました。『全国高級トルコガイド』にはトルコ風呂の連絡先が載っていたので、端からひとつずつ電話をかけていきました。あの当時、川崎には100軒くらいのお店があったんですけど、全部電話をかけて5軒撮らせてもらって、大喜びで編集のところに持っていったら『面白いですね、来月も撮ってください』って連載することになったんですよ。

今度は本があるので、『こんなふうに載ります。キレイに撮ります』っていうと、興味を持ってくれるお店が何軒かあった。川崎の次は吉原をやって、千葉の栄町をやりました。今から30年前の日本の四大トルコ街というと、川崎、千葉、雄琴（滋賀県）、金津園（岐阜県）で、実は吉原はまだしょぼくれてて入ってなかった。でも、タイミング的にちょうど増え始めたところだったんですよ。それで半年連載させてもらって、それをもとに写真集を作ってもらったんです。そのタイトルが『Frothy girls 泡の中の天使たち50人』。後に『週刊宝石』でも連載をするようになって、その時のタイトルにも

初の写真集『Frothy girls』

なったんです」

――反響はいかがでした？

「その頃はトルコ嬢の写真集なんてなかったから、マスコミに注目されましたね。本がじゃなくて僕がですよ（笑）。週刊誌とかスポーツ新聞とか、ラジオとかテレビとかに取材されて。その当時、夜にやってた『11PM』っていうちょっとHな番組で、毎年暮れに『イレブン大賞』っていうH系のネタで話題になった人を表彰する企画があったんだけど、僕が新人賞に選ばれたんです。その後は色んなところから仕事のオファーがくるようになって、パリに留学するつもりで準備をしていたはずが、『お金がもらえて写真が撮れるんだったら』と思って、風俗の写真を撮り出したんです」

――そうして、樹水駿という風俗写真家が誕生したわけですね。

「僕がトルコの女の子を撮り出したのは『自分が撮りたかったから』。読者のためじゃなくて、自分のためなんですよ。僕としては〝お金を出しても撮りたい〟ぐらい。だからしばらくは撮った写真をパネルにして女の子にあげていたんです。雑誌のギャラよりもそっちの方にお金がかかったから、撮れば撮るほどマイナスになる。

その当時、風俗で働いている女の子って、プロのカメラマンに写真を撮ってもらうことがみんな初めてなんです。撮った写真を見せると『えぇ？ コレ、私⁉』って感動してくれるんです。それを見た他の子が『私も撮ってほしい』って言って、最初はこっちでお願いして撮らせてもらってたのが、そのうちに向こうから『撮ってくれませんか？』って依頼がくるようになって、それがどんどんと広がっていったんです」

伝説の雑誌『ナンバーワンギャル情報』の誕生

——30年近く前、ボクは『シティプレス』という風俗誌を読んでいた時期がありました。この雑誌に出ていた女の子の写真は、ほとんど樹水さんが撮っていたんですよね。

「『シティプレス』が創刊された当時って、風俗情報誌が全盛の頃で、すでに『ナイタイ』とか『マンゾク』もありました。『シティプレス』を発行していた東京三世社って、『ナイタイ』や『マンゾク』の発行元と比べるとずっと小さな会社だったけど、ものすごく反響がありましたね。

女の子がグラビアに載るとお店の電話が鳴りっぱなしになるんです。僕は毎月『シティプレス』で200人くらいの女の子を撮ってたんですよ。中にはあまり見てくれがよくなく、小っちゃくしか写真が載らない子もいたんだけど、それでもかなりお客さんがきたんです。

当時『ナイタイ』が公称10万部くらいだったので、『シティプレス』はその半分よりちょっと少ないくらいの売り上げだったと思うんですよね。それでも全国誌ですから、北海道から沖縄で販売される。今のネットに比べると人の目に触れる機会は少ないはずなのに反響はすごかったですね」

——当時の風俗雑誌は600円くらいでしたよね。いま毎月600円を払って購読してくれる読者がどれだけいるかと考えると、当時のすごさがよくわかります。

「吉岡さんはご存知かどうかわからないけど、僕は『ナンバーワンギャル情報』という雑誌を出版していたことがあるんです。それなんか1冊２０００円ですから（笑）。創刊号はお店にアンケートをとって、それをコピーしてホッチキスで止めて売ったんです。販売方法がわからなかったから、当時お仕事をしていたいろんな雑誌で紹介してもらって、それを見て連絡してきてくれた人に送りました。創刊号は50部ぐらい売れたかな。僕はその当時はフリーランスのカメラマンをやっていたので写真の仕事だけで十分収入もあったし、出版で儲けようとはあんまり考えてなかった。道楽というか、自分で『こういう雑誌があったらいいなぁ』と思うことをやっただけなんです」

『ナンバーワンギャル情報』はいまから見ても異質な雑誌だった。写真家の樹水さんが創刊したにもかかわらず初期は写真はなし。その代わり、それまでメディアでは扱われてこなかったようなソープ利用者に有用な情報がたっぷり掲載されていた。

なかでも「リーダーズパーク」と名が付けられた読者投稿欄は出色で、他誌には載らないお客さんの生の声がそのまま掲載されていたため、とても人気が高かった。この雑誌の創刊は、樹水さんが写真家としてだけでなく、風俗メディアの運営者としても〝吉原〟という街へ強い影響力を持つきっかけとなったと言える。

「『ナンバーワンギャル情報』を作った時点で、僕はカメラマンとして風俗の女の子を撮り出して10年目に入ったところだったんです。ある時、仲がよいソープランドの社長と話をしていたら『うちのナンバーワンはマスコミに出ないんだよ』って言われたんです。考えてみれば、マスコミに出てる女の子よりも出てない子の方が圧倒的に多いんですよ。でも普通みなさんが目にするのはマスコミに出てる子ですから、『マスコミで売れている子が一番キレイで一番いい子』って思ってしまう。ちょうど氷山みたいなもので、『水面に出ているものしかみんな知らないけど、実は90％くらいは海の下に隠れてる』っていうことに気がついたんですよ。

僕は写真のプロですから『どんな子でもキレイに撮る』わけですよ。でも、自分で思い入れを持って撮れるような子って、実際はそんなにいないんですよね。中には『自分だったら絶対に遊びにいかない』と思う子もいっぱいいるわけですよ。だけど僕はそんな子でもキレイに撮っちゃうんです。写真が仕事ですからどんな子でもいける。そうすると、ボクの写真を見て想像を巡らして逢いに行った人は、『樹水の写真に騙された！』となってしまう。その頃の写真はアナログの時代ですから、修正なんか全然していないんですけど、一番キレイに見える角度で、キレイに見える表情を撮りますから、普段とはぜんぜん違う写真になるわけですよ。そう考えると、自分が風俗で遊びに行くとしたら、『写真はアテにならないな』ということがわかるわけですよ」

――巨匠が撮った写真だからこそ、遊ぶ相手選びの参考にならないなんて皮肉なことですね。

「その当時に僕がグラビアを撮ると、その子があっという間にナンバーワンになってしまう。そういう意味では『写真で売れてる子がその店のナンバーワン』っていうことは多かった。でもその社長の店は写真を出している子もいるのに、表に出ていない子が一番だという。『写真を出している子よりも指名を取っているって、どんな子なんだろう？』って興味あるじゃないですか。

でも、メディアに出ない子だから取材で会うのは難しい。それで一度は『シティプレス』に体験報告のコーナーを作って自腹を切って客として通おうってことになったんですけど、そうなるとお金の問題もあるし、時間もそんなにつくれない。それでどうしたらいいか考えて『お店に撮影に行ったときに、ナンバーワンの女の子を紹介してもらおう』と思ったんです」

お店のナンバーワン嬢の情報を掲載

――お店はナンバーワンの子を快く紹介してくれましたか？

「当時はよほどの常連客でもない限り、『おたくのナンバーワンは誰？』なんて電話で聞いても教えてくれませんでした。でも僕は当時、毎月２００人の写真を撮ってましたから、僕が聞けば絶対に教えてもらえる。そう考えて作ったのが『ナンバーワンギャル情報』だったわけです。だから本というよりもかわら版というか、学級新聞みたいな感覚で作ったものなんです」

――２０００円というと、かなり大胆な価格設定ですよね。

「当時の『ナイタイ』とか『マンゾク』は、２００ページくらいあって5、６００円でした。そう考えると高いけど、僕の本はコピーして作っていたので、１２０ページだと１２００円の原価がかかる。他にもいろいろ手間がかかっていたんで、じゃあ、２０００円でいいやって決めたわけです。でも、それをお店の人に見せたら『写真も載ってないのに、こんなの誰も買わねぇよ』って言うわけですよ。だけど、僕は『自分だったら買うな』って思っていました。だって『ピカソ』だとか『夕月』だとか、その当時、マスコミに出なかった店の〝一番売れている子〟の情報が載っているんですよ。６万円の店に行って写真で騙されて損をするくらいなら、２０００円でナンバーワンの子の情報が入るなんて安いもんじゃないですか」

――２０００円は保険料みたいな感覚ですよね。

「『ビジネスになるな』とは思ってなかったけど、欲しい人はいると思った。でもそれまでは雑誌で撮影の仕事はやってたけど実際に本を作ったことはないし、売ったこともない。どうやったら本屋に置いてもらえるのかもわからない。いろいろ調べてみると、『雑誌コードというのがあって、それがないと配本されない』ということがわかった。それじゃあ、個人経営の本屋さんだったら直接持っていけば置いてくれるかもしれないと思って、一番最初に神田神保町の〝芳賀書店〟という本屋さんに10冊か20冊置いてもらったんですよ。そしたら、あっという間に売れ切れて、それが口コミで広がっていって、毎号毎号倍々で売れていったんです。最終的には芳賀書店だけで1店舗100部くらい置いてくれるようになりました」

『ナンバーワンギャル情報』は後に一般書店でも流通。162号まで刊行された。

客が風俗誌を購入する理由は、風俗遊びをする上で『絶対に外したくない』からの一言に尽きるだろう。客は大衆店で3万円前後、高級店で6万以上も投資するわけだから、『少しでも美人でサービスのよい女性を抱きたい』と思うはずだ。それが多くのソープ客のホンネである。『ナンバーワンギャル情報』はソープ客たちの間で、バイブル的な雑誌になっていく。

雑誌休刊のきっかけは広告

——そういう情報に当時のユーザーは飢えていたんですかねぇ。

「まだインターネットがなかった時代ですからね。一番増えたときに2万部近くまで刷ったんですよ。でも途中でネットが普及するようになって、雑誌が売れなくなったので休刊にしました。『ナンバーワンギャル情報』を止めた一番の理由は、途中から広告が入ったので『本当の情報を出そう』というのができなくなっちゃったからです」

——広告が休刊の原因とはどういうことでしょうか？

「最初は広告を入れようなんて思ってもなかったんだけど、お店の方から『広告を入れてよ』って言ってきて、どんどん広告が入っていったんです。広告を作るのにデザインなんかもしなきゃいけないから、スタッフも増えて最高で社員が40人ほどいました。1人でやってた頃は別に儲かっても儲からなくてもよかったんだけど、社員が40人もいると出ていくお金が半端じゃない。人件費もそうだけど、事務所も大きなところを借りるようになったし、印刷費も莫大になる。毎月１０００万円くらい出ていくから、収入がないと回らない。広告が必須になっていっちゃうわけです」

広告が入り出したことで雑誌の経営自体は安定した。しかし、その代わりに雑誌にとって最も大切なものを失うことになった、と樹水さんは語る。

「当時の『ナンバーワンギャル情報』の一番の人気企画は『リーダーズパーク』という投稿コーナーでした。これは読者から送られてきた体験記をただ載っけているだけのものだったけれど、どんどん増えていって、毎号１００人くらいがヤラセなしの投稿を送ってくれるようになったんです。

でも、雑誌がコマーシャル化してくると、いろんな問題が生じるわけですよ。送られてくるものは、『お店のいい投稿』だけじゃないわけですよ。明らかに〝大外れした〟みたいなものもある。そうすると『これは載せるべきかどうか』ってのを考えなきゃならない。しかもそれが広告店だと『これを出したらまずいだろう』という判断もある。そういうのが働きだすとダメですね。どうしても広告主への提灯記事みたいなものを書かざるを得ない。自分がいいと思わなくても、いいように書かざるを得ないような状況ができてくる。それで普通の雑誌になっていっちゃったんですよね。

今でも思いますけど、雑誌がダメになったんじゃなくて、内容がダメになったんですよ。紙媒体が広告ありきになっていて、真実を出すことができないからダメなんですよ」

これは現代のネットメディアにも言えることである。

読者には無料で読んでもらう代わりに、維持費はすべて広告頼み。本来メディアは読者に真摯に向き合うべきだが、スポンサーの機嫌を損ねないように向き合う方向を間違えている。

その結果、メディアは伝えたいことだけを伝え、読者は信じたい内容だけを信じる。真実を捻じ曲げて伝える「オルタナティブ・ファクト」なるものがまかり通り、吉原に限らず風俗業界の情報は、修正写真にでたらめな女性のプロフィールと、嘘の情報が氾濫する世界となってしまっている。

真実を伝えないマスコミはダメ

「すごく難しいことだけど、僕は基本的に『真実を伝えないとマスコミはダメ』だと思ってるんです。でなければ読者に絶対に見放されてしまう。だけど風俗の場合で非常に難しいのは、『ココはひどい店だ!!』というユーザーの意見が真実かどうかわからないということです。実際、女の子が客に成りすまして、ライバルの女の子の悪口を2ちゃんねるに書き込んだり、逆恨みした客が店や女の子に酷いことを書きこんだりするケースがある。そういう意味で、ユーザーの意見をそのまま鵜呑みにできない。そのへんが難しいところですよね」

先ごろ、ネットのグルメサイトの人気レビュアーが特定の飲食店から接待を受けていたという報道がされたことがあった。ネットの情報は手軽に手に入れることができ、参考になる部分も多いが、それが必ずしも正しいわけではないことに留意する必要がある。

――ネットの評価や意見を有効に使う方法はないんでしょうか?

「ネットで爆発的に情報が広がる理由は、匿名だからだと思うんですよ。匿名だと人間って無責任っていうか、ちょっと凶暴になったり、人間が持っている影の部分が出てきてしまう。だからコミュニティを作ることが必要だと思うんです。情報が欲しかったら自分の素性も明らかにする。風俗関係の情報だと自分の素性を明らかにしたくないっていう人も多いと思いますけど、そのへんは僕自身30年もこの業界でやってますから。信頼関係でキッチリ守るから、自分の素性を名乗ってお互いによい情報をやりとりするコミュニティを作りたいと思っています。そこにはもちろん広告も入ってもいいと思いますけど、今みたいに『ウチの悪口書くと広告を止めるぞ』みたいな関係からは脱皮したい。『やめるぞ』って言ったら『あぁ、どうぞ』って言えるようにね。

そうすると『広告がないとやっていけない』という媒体だとダメなんですよ。広告がなくてもやっていけるようなカタチを作らないと。そうすると昔の雑誌みたいにある程度ユーザーがお金を払ってっていうふうにしないと、なかなか難しいかなと思いますね。みんな『ネットはタダで情報が得られて当たり前』と思ってるんだけど、僕自身は本当にいい情報だったらお金を払ってもいいと思ってますから」

修正写真は誰も幸せにしない

――実際に風俗の世界は虚飾にまみれた情報が行き交う世界になってしまいました。それについてはどうお考えですか？

「今もグラビア撮影とかやってますけど、昔みたいな感動を全然覚えない。ちょっと辛いですね。たまにノリノリで撮れることもあるんですけどね。昔、『シティプレス』の表紙やグラビアを撮っていたときって、以前に一度撮ったことがあって、容姿とか性格がわかっている子しか撮影しなかったんです。今は撮影のときに初めて会う子がほとんど。広告の絡みでクライアントから『この子を出して』って言われると断れないわけですよ。一番困るのは、女の子が撮影にくるじゃないですか。名前を聞いて、お店のホームページの写真を見て、『別人か⁉』って……（苦笑）。僕がいくらがんばって撮っても、その写真以上になんか撮れないですから。

僕も太ってる子を撮るのは圧倒的に上手いって言われてたけど、実際に細くするわけじゃないからね。見る人が見れば『ちょっと太めだけど、上手く誤魔化して撮ってるな』って写真なんですね。でも今の写真ってデジタル処理で本当に細くしちゃいますから。二の腕の太さを半分にできるし、どう見ても80センチはあるウエストを58センチくらいにすることもできるわけなんですよ。そうするとね、べつに『僕が撮らなくてもいいじゃん』って思ってしまう。誰が撮ってもいいんじゃないのって。だから今は写真を撮るってことに昔みたいな情熱がないんですよね」

――たしかに今の風俗写真はファンタジー化が進んでいますよね。お客さんも写真を信じなくなりつつあるし、実物を見てがっかりするケースもある。そうするとファンタジーな写真が女の子にとって逆にデメリットになっていることもあるんじゃないでしょうか？

「お店が勘違いしがちなのが、『本人よりもキレイな写真を出して客を呼ばないと話にならない』ということ。そこしか見ていないんですよね。でもそれって女の子にとってもお店にとってもマイナスで、騙してお客さんがひとりきても、そのお客さんが『ひどい目に遭った』っていう口コミが広まったら、100人以上お客さんをなくしちゃうことになる」

――お店によっては写真の修正を入れすぎて、女の子がみんな同じような顔になっちゃっているようなところもありますよね。

「昔の『シティプレス』って、かなり太っていて、決して美人でもないような、どう見てもこんな子にお客さんこないだろうって子の写真を載せても、お客さんが付いたんですよ。要するに、お客さんの好みっていうのは千差万別ですから、どんな子でも合うお客さんはいるはずなんです。ブスが好きだって人もいるし、デブが好きだって人もいるじゃないですか。お客さんが納得して女の子に会いに行ったら、『いい子だね』って次の指名につながるかもしれない。でも騙して連れて行ったら二度とこない。それがお店にはわかんないかなと思いますよね。いいか悪いかっていう情報ではなく、お客さんにとって合うか合わないかという情報がこれからは求められると思います」

――ターゲットを絞って宣伝をするということでしょうか？

「お店にしてみれば昔活況だった時代に、店の前に立って『お客さんお客さん、いい子いますよ』って道行く人に声をかけてたじゃないですか。今の時代ネットで同じことをやってるんですよ。それじゃあ駄目だと思うんです。店の前に通りすがりの人がいたら、10人が10人とも引っ張り込もうとしますよね。でもネットで宣伝するなら、１０００人が見たとしても１０００人を入れられないじゃないですか。１日お店に入れるお客さんはせいぜい50人だから、常連客も加えて20人を入ればいいんですよ。１万人が見て20人にウケればいい。そう考えると『この子はすごいデブで、ウエストは80センチあるけど、ものすごく優しくてサービス抜群で締りもいい』って言ったら、１００人に１人くらいはきますよ。でも写真を修正して美人を求めている人がきたら、店も信用を失うし、なによりその子が可哀想。そのへんを判ってもらいたいと思います」

樹水さんは吉原を〝情報〟という観点から長年見続けてきたパイオニアだ。

風俗店は客がこないと商売にならない。その客をなんとか呼び込もうと工夫を凝らしたはずの宣伝がかえって逆効果になっており、風俗業界の信頼を失わせる原因になっている。そう指摘する樹水さんの表情には、業界の行く末を憂う焦りのようなものが浮かんでいた。

「これからは客にとって合うか、合わないかの情報が求められる」

この樹水さんの提言には、低迷する風俗市場に再び活気を取り戻すカギが隠れているように思えた。樹水さんはいま「写真を撮る情熱を失ってしまった」と語っているそうだが、ぜひとも写真を撮り続けて欲しいと願っている。

【吉原同人誌編集長・風俗客】ユザメ

吉原神社から150メートルほど離れた場所にある「吉原弁財天本宮」の観音像。関東大震災の殉難者の霊を慰めるために建てられた。震災では吉原でも多数の遊女が犠牲になっている。

吉原という街の主役はソープ嬢やお店の関係者ばかりではない。吉原という街を訪れる多くの客も、主役のまた1人である。吉原の客たちは移りゆくこの街をどう感じているのだろうか？

この項では客という立場から吉原のソープランドを盛り上げようとしている〝ユザメ〟さんにお話を伺った。ユザメさんは関西在住でありながらソープ遊びのために新幹線で上京するほどの遊び人で、ハマるがあまり吉原ソープランドの同人誌まで発刊してしまった人物である。

1年かけて吉原の有名店を回る

――〝ユザメ〟というお名前が、ソープランドがお風呂であることに由来しているのはわかるのですが、どこから着想を得たんですか？

「初めはかっこいい名前をと思ったんですけど、ソープランドで遊んだ後の、女の子と別れるときの寂しさをイメージして……。それと『クレヨンしんちゃん』の劇場版に〝ユザメ〟という悪の組織が出てくるんですよ。その2つからとって『ユザメ』と名乗るようになりました」

――哀愁が漂う、なんともノスタルジックなお名前ですよね。ユザメさんがソープ遊びをするようになってどれくらいになられるんですか？

「え～と、16年ですね」

――それは最初から吉原中心ですか？

「はじめは吉原ですね。ソープといえば吉原という印象があったので1年半くらいかけて吉原のソープを開拓しました。ソープランドの紹介が載ってたムック本がありまして、吉原の欄を見ますと『王○と私』という店が載っていたので、まずそこに行ってみたんです。ところがせっかく行ったのに予約指名した女の子が出てこず、振り替えに遭いまして、その代わりに付いてくれた子がマットとかくぐり椅子とかをしてくれて、『こんな世界があるんだな』と……。それでハマっていったわけです」

今から15年以上前の吉原には、女の子の指名を平気でダブルブッキングし、その子に入れなかった客はキャンセルさせず、強引に別の女の子を付けるという、悪質な高級店が多かった。一部の風俗誌は相次いで届くクレーム投稿を受けて、振り替え撲滅のキャンペーンを打ったほどである。

――でも振り替えられても当たりを引くとはツイてるじゃないですか。その時はどんな感動だったのでしょうか?

「風俗へいかなければ出会えないものに接した感動ですね」

――それから本格的に吉原で遊び出したわけですね。

「2回目は『グラ○ブルー』、3回目が『王○と私』、あとは当時有名店だった『トゥー○・ダルジャン（現：秘○室）』、『オー○クチュール』、『将○』、『○嬢』、『エメラルド○帝』、『サ○ンドール』、『プリ○ディーネ』とか、そんなお店を1年くらいかけて10軒回りました。

私は東京という街が好きなので、月1くらいで遊びに出てきていましたね。今はそこまで東京に出てくる機会は多くないんですけど」

——それは、吉原目的で出てきていたのですか？　それとも他の用事のついでで？

「私は〝オタク〟で本が好きなので、アニメの本を求めて神保町や中野によく行くんですよ。吉原はそのついでですね」

ヒラメキが生んだ前代未聞の同人誌

——吉原を回られていたときは、どういう基準でお店を決めていましたか？　ジャンルやお店を固定していましたか？

「いろいろ回ってみようということで、1つのジャンルに2、3回行っては、ジャンルを替えて2、3回って感じですね。お店は『マンゾク』などの雑誌や本を参考に選んでいました」

——それで1年かけて10軒行ったあとは？

「地元に近い福原で、当時13軒あった高級店を2年かけてシラミ潰しに制覇しました」

——高級店を制覇とはすごいなぁ。

「一番最初に遊んだお店が高級店なので、ソープの王道を楽しめるようなお店をピックアップしていましたね。今でも大衆店で遊ぶと、時間が足りないなと感じることがあります」

——120分あると足りるかなという感じですかね。

「そうですね。大衆店で100分だと物足りないですね。それで次は大衆店に行こうかなと思った時に、当時〝FENS〟という会社が出していた『ナンバーワンギャル情報』という雑誌に体験談の投稿を始めたんです」

『ナンバーワンギャル情報』という雑誌については、樹水駿氏の項で紹介した。同誌は「リーダーズパーク」と名付けられた読者投稿欄が人気を博しており、毎号、多くの投稿者から体験談が寄せられていた。実はユザメさんもその投稿者のひとりだった。投稿が紙面を飾るようになり、そのうち、編集部の人間とも顔なじみになったという。

そうやって各地のソープを訪ね歩き、体験談を書いているうちにユザメさんの中である欲望が顔をもたげてくる。前代未聞、「ソープランドの同人誌」の創刊である。

「突然、ソープランドの同人誌を作ろうと思いついたんです。ちょうどその頃、『ナンバーワンギャル情報』が休刊になったのもきっかけでした。それでまずは『座談会をやろう』と思って、知り合いだった『ナンバーワンギャル情報』の発行元・FENSの助っ人社員の方に連絡を取ったんです」

――それで同人誌を出されるわけなんですね。同人誌をやってみようと思われた動機は何ですか?

「それがね……ヒラメキ‼（笑） その瞬間を自分でも覚えているんですけど、急に『作ろう！』って思い出したんですよ。神が降りてきたって感じですかね（笑）」

――コミケなんかで同人誌を売っている人たちって、同人誌を作る前にまずサークルを作ろうとか、誰かを仲間に引き入れてから共同作業で作っていこうとするじゃないですか。「そうなんです。初めはそうだったんですよ。でも、探したけど賛同者が見つからなかった。座談会を開催したので1冊目には色んな人が参加しているんですけど、やっぱり書ける人って少ないですからね。2冊目はほぼ個人誌になってしまいました」

風俗に硬派に切り込む同人誌

ユザメさんの同人誌は〝君は風俗誌「ナンバーワンギャル情報」を知っているか⁉〟と題され、平成26年12月に第一号が発行された。創刊号では前年の末に逝去した風俗雑誌『シティヘブン』の元編集長・田中尚一氏を追悼し、田中氏が『ナンバーワンギャル情報』の関係者でもあったことから、同誌の読者投稿欄『リーダーズパーク』常連から集められた追悼文が冒頭の特集に掲載されていた。また常連投稿者による座談会の模様や「吉原の傾向と対策」「現在の吉原に対する考察」など興味深い寄稿文によって構成されている。

——かなりコアな内容ですよね。制作されるときは、どういう点にこだわりましたか？

「1冊目のテーマは、『真実はそこにある』なんですよ。ソープランドという文化にはいい面と悪い面があると思うんですけど、真実を知ればもっとお客さんくるかな？　っていう意味で真実を追求したのがこの1冊です」

——ソープランドに限らず、風俗はある種の虚飾にまみれているじゃないですか。真実を知ることでお客さんを呼び込めるのでしょうか？

「と、私は信じてます。X・FILEみたいですけど（笑）」

——吉原とソープランドが主題なはずなのに、創刊号には「なぜ私はいかにしてソープランドに行くのを止めて、エステに通うようになったのか？」という論文が掲載されていますね。なんか元も子もないような気がしますが（笑）。

「それは、『私にもそういう時代があった』というだけのことですよ（笑）」

——吉原だけでなく、神戸・福原のソープも取り上げていらっしゃいますね。この『社長秘書』という店、ボクも女の子を取材したことがあります。

ユザメさんの同人誌の創刊第一号

「『社長秘書』ができたときには私もハマりました。あの店はマットがないんですけど、社長の椅子と机があって女の子が秘書になってプレイしてくれる、素晴らしいコンセプトの店ですね」

——同人誌の中に『デパートのようにいろんなタイプの女の子がいる多目的店は、イコール特徴のない無目的店と解釈される』とあるんですが、哲学的な文章ですけど的を射ていますよね。あと別の方の文章ですけど『吉原の傾向と対策』なんて、まるでテストに出てくるような……。

「そうそう。どちらかというと、この同人誌はエロじゃないんですよね」

――ひとつひとつ見ると論文ですもんね。それで2冊目がカメラマンの樹水駿さんとの対談ですね。あとはソープランド用語解説とか。『ソープ嬢と素人女性の違いは?』って問いに、『違いなどない! 世の中にはいい女とそれ以外の女がいるだけだ』ってのも哲学的な言葉だなあ(笑)。

「思い込みで書いていています(笑)」

平成28年初頭には第2号が発行され、ユザメさんとカメラマンの樹水駿さんの対談のほか、「ソープランド用語解説」「ソープランド利用者へのアドバイス」や、浅草寺や吉原神社など周辺の寺社や約2万5000名の遊女が葬られたとされる浄閑寺などを詳しく解説した記事も掲載されていた。

――たしかに吉原はソープランド街の中に神社や公園が普通にあって、少し入ると住宅地も普通にある。対比がとても面白い街ですよね。その中でも、神社仏閣や仏像などにフォーカスして記事を書かれたのはなぜですか?

「もともと私は神社やお寺にまったく興味がなかったんです。でも一度、仕事で機会があってお寺に行ったら、厳かな雰囲気に感銘を受けまして。これは面白いなと思って回り出したんです。いまの私のブログは趣味が高じて神社ブログになっているほどです」

――吉原は不幸にして亡くなられた女性が多い街でもあるので、女性たちを弔うお寺などが多いですもんね。

「近辺にそういう遺物がある街ですよね」

ソープの〝真実〟を多方面から追求したい

——次号はどのようなテーマになるのでしょうか？

「第2作で対談したカメラマンの樹水駿先生がおっしゃった言葉で、『ソープランドは日本の文化だ』というのがあるんですよ。現時点での副題は仮ですけど、『ソープランドは日本の文化か？』というテーマで、またお硬い内容で切り込んでいこうと思っています。樹水先生は『癒やし』というキーワードで、『ソープは癒やしであり文化だ』と言ってるんですね。『海外の風俗にはそういうものがない。だから日本の文化だ』とも。そこをいろんな方のお話を通して文化かどうかを検証してみようと思っています」

——どんどん中身が深いものになっていくわけですね。

「深くなっていますかね（笑）」

——今後の路線はどういうふうになっていくのですか？

「2冊目は書いてくれる人が少なかったので、ほぼ自分で書いたんです。だから出し切った感があるんですよね。4号目は難しいなと思っているので、たぶん次で終わりです。3号で潰れるカストリ雑誌です。スター・ウォーズ3部作ですよ。あっ……あれは終わると見せかけて続いているか」

――『ソープランドは日本の文化か？』ですか。いや、同人誌が成立している時点で、ボクは立派な文化だと思いますよ。3号を書くことによって、また新たな発見があって続いていくかもしれないし。ボクはそう期待したいですね。

「新しい人と知り合えれば、きっとできますよね」

――最後に、今後の目標もしくは夢をお伺いしたいのですが。

「第一号でもとりあげたテーマですけど、〝真実〟というものを私自身がすべてを知っているわけではないと思うので、もう少し突き詰めていきたいと思いますね。それと自分自身がユーザーなのでユーザーから見た真実と、女の子から見た真実と、お店のスタッフから見た真実と、いくつも真実がありますよね。そのあたりも網羅してきたい。現在はユーザーが集まって話をしているものしかないですけど、多方面から見ないと真実というのは出てこないと思うので、そういうことも今後はできたらいいなと思っています」

客離れが進む風俗にあって、同人誌を出すほどの熱心なファンがいる。ユザメさんとお会いして感じたのは、ソープという〝日本の文化〟に対する深い愛情だった。

この取材が終わった後、今度は立場を逆にして、同人誌に掲載するためのインタビューをお受けした。ユザメさんの同人誌の第3号は２０１７年の夏頃に発行予定だという。どのような本ができあがるのか、今からとても楽しみだ。

【フォトスタジオ「Me-CeLL」代表】

酒井よし彦

吉原にほど近い入谷には、吉原のソープ嬢の宣材写真を撮影するスタジオがある。
そのスタジオ「Me-CeLL」の代表・カメラマンの酒井よし彦さんに話を聞いた。

今や写真はソープランドにおいて必須の集客アイテムとなった。客はネットや風俗誌、あるいはソープのフロントなどで写真を見比べて女の子を選ぶ。ソープ嬢からするとよい写真なら選ばれるし、悪い写真ならば選ばれない。宣材写真として美しい写真を用意することは、彼女たちにとっては死活問題。そのため、ソープ嬢たちは専門のスタジオに出向き、自腹で宣材写真を撮ってもらうのである。

酒井よし彦さんは、月刊誌『カメラマン』（モーターマガジン社）や『東京ウォーカー』（KADOKAWA）などで〝扇情カメラマン〟として紹介され、『週刊SPA!』では袋とじグラビアを撮影するなど、活躍中の新進気鋭のカメラマンだ。

酒井さんは吉原にほど近い、台東区入谷に写真スタジオ『Me-CeLL（ミセル）』をかまえ、日々ソープ嬢の〝売れる〟宣材写真を撮影している。また吉原のソープランド情報サイト『ギャルズコレクション』も運営するなど、〝吉原のいま〟に最も触れている人物のひとりである。

そんな酒井さんはいまの吉原をどのように見ているのだろうか。

元ホストで金融屋という異色の経歴

――酒井さんって、もともとは何をされていたんですか？

「学生時代は……変わった人でしたね。友だちもそんなに多くなくて、1人で絵を描いたり本を読んだりしてて。もともと絵が好きだったから美大に行きたいと漠然と思っていました。

勉強はわりとちゃんとやっていたんだけど、中学3年のときにほぼ学校に行かなくなって、先生に『1年に1週間しか学校にこない生徒の内申に、〝いい生徒です〟とは書けない』って言われて、志望していた高校を断念したんです。志望校に行けないならあまり意味がないと思って、自衛隊に入ろうと思ったんですよ。でも自衛隊って高校を卒業しないと入隊できないんですよね（笑）。なんだ自衛隊も行けないんだって思って、とりあえず先生に勧められた私立高に行って、もう一回勉強しようかなと思ったんですよ。それで高校に行ったら、先生が黒板に〝ＡＢＣＤＥＦＧ〟って書いて『はい、端から読んで下さい』って授業なんです。『ふざけてんな～』って思って（笑）、そしたら周りの連中はそれが読めない。『え？　こいつら本気か⁉』って……。

カメラマンの酒井よし彦さん

最初の美術の授業で『芸大は無理にしても、武蔵野美術大学か多摩美術大学あたりを狙いたいんですけど』って言ったら、先生に『無理だね』って言われたんです。この高校からそういう大学に行ったヤツはいないって。無理ならここにいる意味ないからと思って高校を辞めちゃいました。通ったのは1週間ぐらいでしたね」

——1週間でドロップ・アウトしちゃったわけですか。

「『高校辞めるなら家を出てけ』って言われたので、『フロムエー』っていう求人誌で寮完備の仕事を見つけて、家出のつもりで寮に入って働きました。その当時、僕はバンドをやっていたので、21歳くらいまでふらふらと遊びながら働いていました。

その後、美容学校に通ったんだけど、バイトの働き口がなかったんです。ハードロックやってた名残りでロン毛だったし、化粧して女物の服とか着てたので、友だちから『お前、ニューハーフの店で働けば?』って言われたんです」

——ニューハーフですか?

「『それいいな』と思ってバイトしに行ったら、ママに『あらアンタ、原宿系じゃない』って言われて。それが今から20年くらい前のことです。ノンケだと雇って貰えないんだけど、『アンタ、ホント男好きなの? 誰が好きなの?』って聞かれて『マ……、マッチ』とか答えたんです（笑）。それでそこへ勤めさせてもらってたんだけど、ある日ノンケなのがバレちゃった。その時にママさんに『アンタ水商売のセンスいいから、ホストを紹介してあげるわ』って言われて、それでホストクラブで働くようになったんです」

——ニューハーフからホストって、すごい転身ですね。

「『男性が顔で飯食えるのは25までだろうな』と思って、25歳のときに『もっと金になる仕事をしよう』と金融屋をやりました。ホスト時代の客で一番羽振りがいいのが〝金融屋〟だったんです。いろいろ儲けて遊びまくって、30歳くらいの時に突然それができなくなるわけですよ。そこから沖縄に逃げて、ほぼ一文無しになってしまった。腹減ったらサトウキビをかじったりとか、港の手伝いをしに行ってご飯をおごってもらうとか、そういう生活を1年半くらい送って、もうにっちもさっちもいかなくなって、東京に帰ってきたんです」

伝説のカメラマンとの出会い

——東京に帰ってきた後はどうしたんですか?

「ある場所でたまたまカメラマンの樹水駿さんと出会ったんです。名刺を貰ったら本名だったんで最初はわからなかったんですけど、名刺の裏を見たら『樹水写真事務所』って書いてある。『樹水写真事務所って樹水駿がいるところですか?』って聞いたら、『僕が樹水駿です』って言われて、『あぁ、あなたが樹水駿ですかぁ』って(笑)。僕は『ナンバーワンギャル情報』をず〜っと読んでたんですよ。他には『ナイタイ』とか『マンゾク』なんかも毎月欠かさず購読して、それを見ながら『どこのソープへ行こう』って目星をつけて遊びまくってたんです。

その時ちょうど僕は沖縄から帰ったばかりで仕事がないから、『樹水さんの会社に入れてもらえませんか?』って頼んだんです。今思えば樹水さんもよく雇ってくれたなと思います。その時、僕は33歳くらいなんですけど、それまで一度も就職した経験がなかった。キチンとした会社に勤めたことは1回もないし、学歴もない。『とりあえず履歴書を持ってきて』って言われて、高校以降をすべて偽造した履歴書を持って行ったんです。

『何ができるの？』って言われて、沖縄にいる時に少しだけ勉強をしたので、『ホームページができます』って言って入れてもらえたんです。でも、入ったら実際は何もできなくて（笑）。それで吉原の営業担当に無理やりしてもらって、いろいろ覚えて独立したというわけです」

――独立をされて作ったサイトが『ギャルズコレクション』ですよね。このサイトの特徴はどういう点ですか？

「僕が主宰なんで、メチャクチャなところですかね（笑）」

――いやいやいや、そんなことないでしょう（笑）。今、酒井さんの拠点である入谷の写真スタジオ「Ｍｅ・ＣｅＬＬ（ミセル）」にお邪魔してるわけですけど、すごく綺麗だし、インテリアも揃っている。とても素晴らしいスタジオですよね。

「『写真が大事だ』っていうのは師匠である樹水さんに叩き込まれました。それこそ以前は〝樹水駿の写真〟を見て、吉原に遊びに行ってるわけじゃないですか。それまで樹水マジックに何度も騙されているわけですすよ（笑）。それでこの業界に入って、樹水さんの撮影姿を間近で見るようになったんですが、こだわりがすごいんですよ。ブラジャーやガーターの中に（女の子の）肉をしまい込んで、『どの角度で撮ったら肉が見えなくなるか』、『どうやったらキレイに見えるか』とか、顔の角度にしても1ミリ変えたりとか、樹水さんのこだわりは本当に細かいわけですよ」

早く上がってもらうための写真を撮る

——1ミリの角度にこだわる、というのはさすがですね。他にはどんなこだわりが？

「『ナンバーワンギャル情報』の表紙を決めるのが非常に大変で、樹水さんがOKと言った子じゃないとダメなわけです。それと顔出しをしていたらダメで、顔は隠しているんだけど目か口かどっちかを出せと。もし顔全面NGでも口説いてどちらかを出していいと言ってくれればOKなんです。でも樹水さんは本当にこだわるので、女の子が『私は目が特徴的でバレてしまうから隠す』と言ってても、『いやぁ、目がいいから目を出そうよ。もったいないじゃん。隠すのは口にしようよ』って突然言い始めるんですよ。それをなだめながら女の子に上手く伝えて、お店も樹水さんも立てなきゃいけない。

『お店が広告費に何百万も出してくれているからこの子を表紙に』って言っても、樹水さんがウンと言わなければ絶対無理なんですよ。『じゃあ表紙にそのお店の子を使ってもいいけど、それならそのお店の女の子を全員見せろ』と。それで僕に全員の写真を撮ってこさせて、『この子、よかったですよ。性格も悪くなかったです』って説明しても、『う〜ん、骨格がダメかな』とか、『ちょっと目と目が離れすぎてるな』とか……。本当に細かいんですよ。『もうい〜じゃん!!』って思うんですけどね（笑）。

毎日が喧嘩腰の言い争い。営業としてはこの店を表紙でやってもらいたい、樹水さんとしては雑誌の表紙だからここは譲れない。せめぎあいですよ。そういうことから写真はすごく大事だと勉強になりましたけど、当時はそれがわからなかったんですよね」

——樹水さんは商売人じゃないですね（笑）。

「『ナンバーワンギャル情報』は〝真剣な同人誌〟だったというのが一番近いと思いますよ」

『ナンバーワンギャル情報』の成り立ちは樹水氏の項を読んでいただければご理解いただけると思うが、発刊当初はコピー紙をホッチキスで留めただけのまさに同人誌のような作りだった。後に他の風俗誌に負けない装丁で発行されるようになったが、樹水氏の中では発刊当時の志が消えることはなく、自身が経営する会社の営業戦略と対立してしまうという皮肉な事態になっていったのだ。

「会社を辞めてしばらくしたら休刊（『ナンバーワンギャル情報』の休刊は２００９年）しちゃいましたけど、雑誌のこだわりの部分は大変勉強になりました。そこを僕も大事にしたいんですよ。うちもサイトのカバーガールは非常に大事にしてるんです。お店に納品する写真の中には、正直よくない子もいます。よくない子をよいように撮りますし、よいように修正をします。

ただカバーガールやグラビアに関しては、自分が撮った中で『この子いいなぁ、この子に入りたいなぁ』と思った子しか選びません。うちのスタッフにも『友だちが６万５０００円持っていたとして、この子を勧められる？』て話をするんです。『いや無理ですね』『じゃあ、カバーガールはや

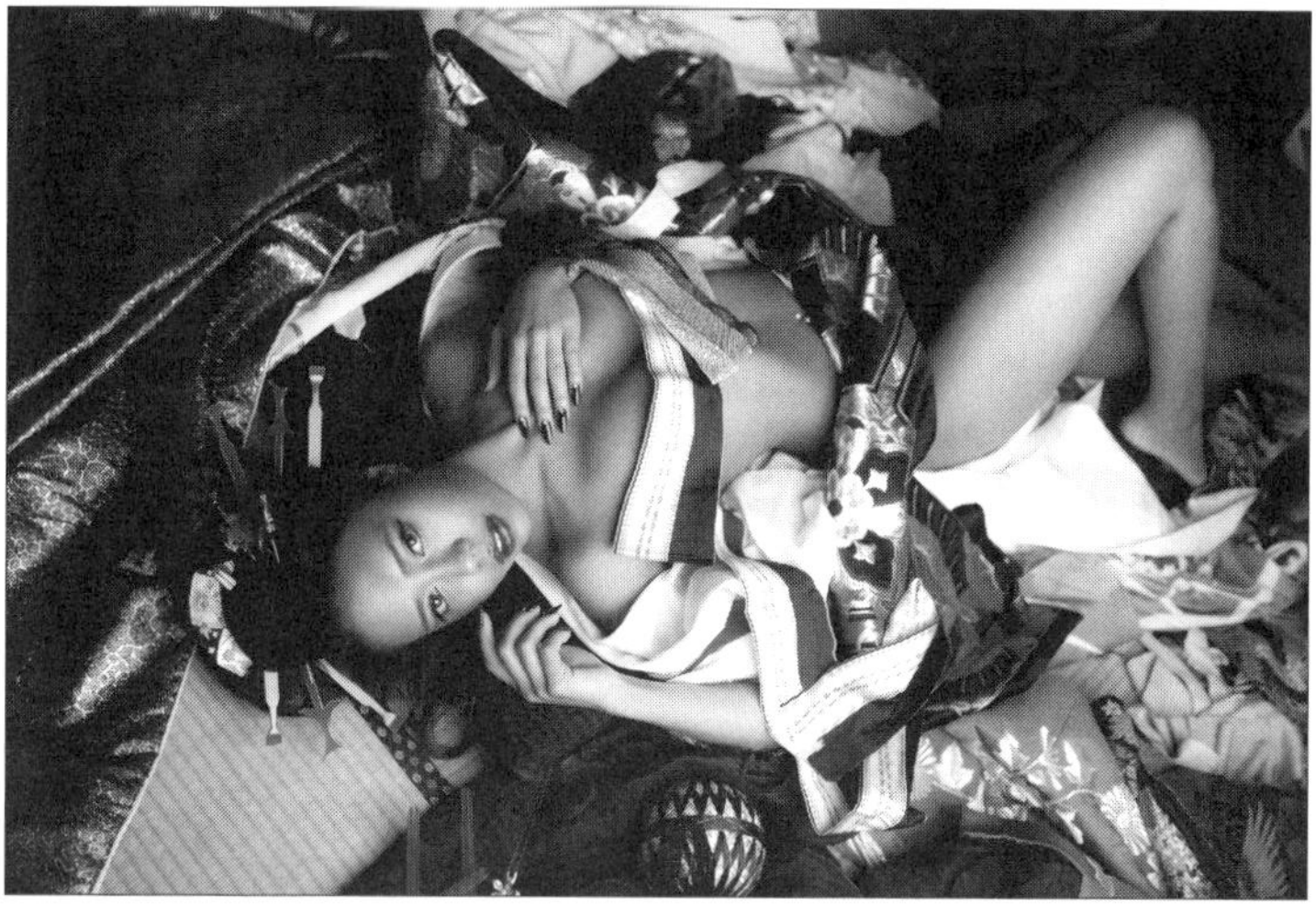

酒井さん撮影の一枚。女性の美しさを引き出す写真には定評がある。

めよう』ってなる。そういうこだわりは大事にしています」

――酒井さんがカメラマンとして心がけてる部分っていうのはありますか？

「『早く上がってもらうために稼げる写真を撮る』っていうのが僕の理想なんです。そのためにその子のいい部分をどうやって引き出すかをいつも考えています。自分のいい部分をわかっていない子もいるじゃないですか。たとえば『自分の体でどこが一番好き？』って聞いて、『ここです』って言える子はあんまりいないんです。『お客さんはどこを褒める？』って聞いたら、『足ですね』とか『お尻ですね』って答えられる子はいるけど。

それに半分くらいは新人で撮られ慣れていないから、カメラを向けるだけで固まるんですよ。そんな子をリラックスさせて普段の笑顔をどうやって引き出すか。そこを固まんないように事前にほぐしていって、腕枕されているかのような表情であったり、何かを欲しがっている表情であったりとか、男性が見たい表情ができるように話をしながら撮影します。あとは胸であったりお尻だったりとかをどうやったら一番いい角度で撮れるかにこだわります。ソープだとパネルがあるので、視線が合ってる写真も大事ですね。デリヘルだったらそこまではしませんけど」

情報を精査してどう伝えるか

――ネット媒体は、基本的にユーザーがお金を出さないので、クライアントの広告費が唯一の資金源ということになりがちですよね。そうなるとクライアントの意向で内容が左右される、なんてことが起きてくる。そういう環境の中でどうやって自分たちのこだわりや主張を提示していくかということが重要になりますよね。

「うちは契約している店舗の女の子は割引して撮影しているので、月に150人ぐらいの女の子を撮るわけですよ。そうすると契約店の女の子を精査できるので、いい子がいたら追取材しようとなるし、この子を『ギャルズコレクション』のグラビアなどで紹介しよう……ということができるんですね。情報が入ってくること、そしてそれを精査してユーザーにどう伝えるのかですよね。『この子は年は取ってるけどテクニックはすごい』とか、『話が面白くて、人がいい』とか、そう

酒井さんが運営する吉原の情報サイト『ギャルズコレクション』(http://www.soapland.xyz/)。吉原のソープランド情報の他、酒井さん撮影の「カバーガール」「グラビア」コーナーもある。

いう情報も伝えられるし、『すっごい可愛いけどちょっとな……』って子もいるじゃないですか。そういう子は『この子いいでしょ？』とどんなにお店が勧めてきても、『う～ん、いいんですけどねぇ』って……（笑）。『こっちの子の方がよくないですか？』って逆に提示したりもします。だからお店から誰か女の子を指定されてってのはやらないですね。

うっかりすると『クライアントにお金をもらえるからいいや』って、ユーザーを蔑ろにしてしまうって危機感はいつも持ってます。偽の情報を出しても何とも思わない媒体もある。いろいろ軌道修正しながらやってますけどね。でも最近はユーザーの存在がわかりにくい。以前は『このインタビュー記事を見てこう思いました』ってレスポンスがあったんだけど、今は『お問合わせはこちら』って出していても特に何がくるわけでもなく、たまに『どの子がいいですか?』とか、『AちゃんとBちゃん、どちらがいいですか?』とか、そういう質問がきますけどね（笑）」

――どの子がいいかなんて、好みの問題だから答えられないですよね。絶対的な価値観でオススメできるモノがあれば答えようがあるでしょうけど。

「遊んでる側からすると、昔ほど有名な女の子っていなくなりましたよね。昔は1店舗に1人くらいは有名なお姐さんっていたじゃないですか。でも今はそういう子がいないから、取材対象としてわかりにくいんですよね。たとえば雑誌なんかで軒並み表紙をやるとか、いまだったらネット媒体で軒並みカバーガールでもいいと思うんですけど、そうやったところでそんなに盛り上がらない」

新しいものが生まれないことが問題

――昔の雑誌に比べれば、もっと多くの人がサイトなりホームページを見ているはずなんですけどね。どうして盛り上がらないんでしょう。

「風俗の世界にイデオロギーみたいなものがなくなりましたね。お客さんが今ある〝ソープランド〟に満足しちゃっているから、これ以上に何をするかっていうのが難しいじゃないですか。それに実際にやると怒られてしまう。『なにか新しいソープランドをやる』ってなると絶対に叩かれる。そこで甘んじてるのか諦めちゃってるのか。変えようと思っても変えられるものじゃないですしね」

――1980年代にやっていた「トゥナイト2」（テレビ朝日が放送していた深夜番組）を見ていたら、毎週新しい風俗が生まれていましたよね。なぜ当時は毎週新しいものを生み出せるほどのエネルギーがあったんでしょうか？　進化しすぎて新たなものが生まれてこないのか、新たなものを生み出すエネルギーが尽きてしまったのか……。

「進化しているのはデバイスの力じゃないですか。たとえばデジカメができました。でもデジカメができたおかげで人間は後退してるのかもしれない。僕は人間はどんどん退化してるような気がするんですよ。たとえば10年後になくなってしまう職業は何かって話題になることがあるけど、世の中が発展すれば発展するほどなくなってしまう職業は増えていくと思うんです。だったら、発展したものを使って極めようという方向に行かないと、どんどん退化しちゃうと思うんです。

今の世の中はインターネットがこれだけ普及しているのに、なんで調べないんだろうってことがあるじゃないですか。たとえばソープランドに行きたいと思ったとして、吉原の中には未だにポン引きというヤツがいて、『ついて行ってはダメ』っていうのを100万回ぐらいみんなが言ってるわけですよ。ちょっと調べれば『吉原にはポン引きがいる』『深夜12時を過ぎれば店は営業してない』っていう情報がわかるはず。なのに毎日毎日必ず深夜12時過ぎてやってくる人がいて、ポン引きに連れて行かれて、『吉原はなんてところなんだ。もうヤダ行きたくない‼』って思われてるんですよね。なんで調べないんだろうって」

「聞いてません」という負の言葉

――酒井さんは最近の吉原のソープ嬢の傾向みたいなものを感じますか？

「ソープランドで働く子はある意味気合が入ってますよ。デリヘルの子なんかを撮影して思いますけど、そんなに気合入って働いてる子はいないですものね。写真を撮りにきてても『私はお客さんよ』って感じなんですよ。『協力していいものを創りましょうね』って感覚じゃないんです。たぶん写真がなくても飯が食えると思ってるんじゃないですか」

吉原など関東地方のソープランドでは、店のパネル写真やインターネットで使う宣材写真は、女の子が「Ｍｅ・ＣｅＬＬ」のような専用のスタジオを訪れて、自腹で撮ってもらうのが一般的である。しかし、ファッションヘルスやデリバリーヘルスでの宣材写真、ソープランドでも関東以外の地域では、お店が費用を負担して写真を撮影させる。例外的にヘルス系の女の子が自腹で撮影にくるケースもある。

「吉原の人たちっていうのは写真が大事だっていうことがわかってる。それこそ40歳ぐらいの女性だと『先生、お願いしますね』って菓子折りを持ってきて下さる方もいるわけですよ。でも、デリヘルなんかで〝店契約〟でくる場合は、『きてやってる』『撮らせてやってる』って感じなわけです。デリヘルのお客さんって、きっと女の子にそういう接し方をするんでしょうね。『俺、客なんだよ』って。それを女の子がうちにきて同じことをやるんでしょう。接客業をやったことない人ってそうなるケースが多い。あと、最近はスタジオにきてから『聞いてない』っていう子が多いです。吉岡さんも風俗店を訪問して『今日インタビューがあるなんて聞いてない』って子もよくいるんじゃないんですか？」

——ときおりいますね。

「お店が女の子に伝えてないというケースも往々にしてあると思うけど、うちのスタジオに写真を撮りにきて『今日は衣装を何着撮るの？』って聞いたら『聞いてません』って言うんですよ。でも聞いてませんって何⁉ 『あなたは自分の意志でお店に入って、自分の意志で写真を撮りにきてるわけでしょう？ わからなければなんで〝衣装は何を着ればいいのですか？〟って質問しないの？』って。たとえばお店の希望はドレス、私服、下着だとするじゃないですか。それを話すと『えっ、下着？ 聞いてません、こんな下着嫌です‼』って。でも『あなたは何屋さん⁉』（苦笑）。しょうがないのでお店に電話して、『何も聞いてないって言ってるので説明してあげて下さい』って振るんです。

僕らは聞いてないって言葉を使わないじゃないですか。聞いてなかったとしても『すみません、確認不足です』って、こっちが悪い……聞いてない私が悪いんですよって体《てい》で話をしますけど、最近の子たちは『言わないお前が悪い』となる。『なぜ私に話をしないんだ』って体になる。情報は与えられて当たり前で、きっと彼女たちにとって情報は調べるものじゃないんですよ。そういう感覚になってしまってるから、調べればわかることを調べないのかもしれないですね」

ファインダー越しに見た変化

――10年ぐらい前と比較して、女の子の収入が減っているとの指摘は多くあります。それは客の減少や風俗嬢の激増という理由もあるけど、そもそもやる気がないというか、稼ぐ意思のない風俗嬢が増えている印象がボクにはあります。ボクが取材した女の子の中には「私はＯＬ程度の収入があればいいです」なんて子もいますし。

「『なんで？　もったいない』って言ったら、『だってダルいじゃないですか』って。ガッツがない子が多いですよね。昔のお姐さんたちからは『6連勤して朝から夜まで7本つきました』とか、『下が切れて痛いからキシロカインを塗ってプレイした』とか、そんな話をたくさん聞きましたよ。『すげぇな、そら500万円、600万円貰ってもしょうがねぇな』って思います。

でも今の子たちの話を聞いてると『お客さんが嫌だ』とか、『遅刻をしたら怒られた』とか、『控室でいじめられた』とか、『ダルくて行くのやめます』とか……。『だったら根性キメて風俗に入る必要なくない？』って正直思っちゃいます。たまにガッツある子を見ますけど、スゴイなこの子って思えるのは10人に1人くらいじゃないですかね」

――せっかくここまでの仕事をやってるのに、もったいないですよね。

「『もったいないな』って思う子に稼がせてあげたい。30万円で1ヶ月続けるのだったら、集約して3ヶ月を一生懸命やればいいじゃないですか。それでパッと上がっちゃった方がその子のためだと思うんですよ。体が弱いとかの理由がある子は別にして、上手く稼いで早く上がって欲しいなって僕はいつも思うんですよ。風俗嬢相手に講習セミナーやってるような女性がいるじゃないですか。あぁいうのを若い子向けにやってあげられたらいいのにって思うんです」

――確かに今は先輩のお姐さんやお店から、売れ方稼ぎ方を教わる機会が少なくなりましたから、そういうセミナーも必要でしょうね。技術もそうですけど、やる気を引き出すきっかけは必要な気がします。

「売れる子っていうのは努力してるから売れるんだし、売れるから努力してるんでしょうけど、それにしても、なんで少し下の世代というか若い子たちは『何くそ』って思わないんでしょうかね」

――ナンバーワンの子が『こういう努力をしてる』っていうところから、なぜそれを学ばないのかなとはボクも思います。

「それは僕も不思議だなと思うんですよね。吉原の某高級店でナンバーワンの人で、実年齢が50歳を過ぎてる人がいるんですよ。その下に23歳くらいの全盛期の子がいるわけですよ。『私ちょっと人気が出ないんだよね』って話をするけど、『やることをやってるの？　プレイ内容が悪かったり、勤怠が悪かったりするんじゃない？』って聞くと、『だって二日酔いの日に行けないじゃん』なんてことになるわけですよ。『二日酔いの前に化粧ちゃんとしなよ』とか『服をちゃんとしなさいよ』って話をすると、『え〜っ』って言う。『よく考えて！　あなたの店のナンバーワンって、あなたのお母さんよりも年齢が上でしょ？　考えてみたら女としてお母さんに負けてんだよ』って。でも超えられるわけがないって思いこんでいる」

――年齢的に言えば超えて当たり前なんですからねぇ。

「そう思うんですけどね。キャリアってもちろん大事ですけど、それを超えていけるのが、若いエネルギーじゃないですか」

消えつつある吉原の伝統

――酒井さんは今の吉原ってどういう街だと思います？

「気概のあるオーナーが減ってきましたね。『利益は減ってもお店を開けてるよりは人に貸した方がいい』って、どんどん店を人に貸してしまう。そうなると古き良き吉原を守ろうとする人がいなくなるわけですよ。女の子を集めて、従業員を集めて、広告を打って店を流行らせる。それを自力でやろうとすると半年くらいのスパンがかかります。そう考えると家賃収入が間違いなく入ってくる分、人に貸したほうが楽なんですよね。

10年くらい前までは吉原のお店は吉原の中の人にしか貸さなかったけど、今はそういうオーナーも減ってきて大手グループも参入してくるようになった。今では本番できるヘルスみたいな店がいっぱいあるわけじゃないですか。吉原に初めて遊びにきた人がそういうところに遊びに行っても、つまんないんじゃないかと思うんですよ。それはマットがあるかないかだけじゃなくてね。だって格安店の女の子なんて体の洗い方も知らないですもん。

たとえば今の〝恋人接客〟って昔の〝恋人派〟とは意味が違いますもんね。イチャイチャ接客なんて、仕事をしたくないからのイチャイチャ接客になりつつある。〝仕事派〟と言ってる人が実は触られたくないから仕事をしてるだけとか。そんなサービスが多くなってしまったことは残念だと思います」

――働く女性の意識が低下している、というのは他の方からもお聞きしました。

「今はＬＩＮＥの交換は当たり前。ヘタしたら裏ッ引き（店を通さず客をとること）している。そこまでいくともうソープ嬢じゃない。ただの売春婦ですよ。この差はでかいと思うし、ソープ嬢としてのプライドがなくなってきてる子が多いのかなと思いますね」

風俗嬢の中には、実際、「店は新たな自分の客をつかまえるための装置であって、一度常連客になれば、店を通さずに直接ラブホ行き」などと公言している女の子もいる。このままでは、ソープランドに限らず風俗店は衰退の一途をたどるばかりだ。

――これからの吉原はどうなっていくでしょうか？

「今のままだと吉原は、昔の伝統を引きずりながらだんだん消えていくだけだと思います。30年経ったらないんじゃないですか。ソープの建物って昭和45年ごろに建てられたものが多くて、今の風営法では建て替えることができないですから。

今回、吉岡さんの書籍に協力させていただいたけど、本当はもっと話を聞いて欲しい方がいたんですよ。でも、みんな保守的で話をしてくれなかった。熊本のソープ街では、吉原流というと修正写真使って適当なサービスをする店のことを指してて、よくないお店のことをそう呼んでいる。

それが悲しいので今回、吉岡さんが吉原の本を書くと聞いて全面的に協力しようと思ったんです。僕はいい時代の吉原で遊んでいたことがあるし、働いていた子も知っているからそれを継承させていきたいんです。『昔は良かった』なんて、いくらでも言えるじゃないですか。がんばらなきゃどんどん先細りになってしまう。そうじゃなくて、『昔の良かった部分を今に取り入れてがんばろう』とこの本を読んだ人が思ってくれればいいなと思うんです」

酒井さんの言葉はときに辛口であったが、その言葉の端々からは吉原の街に対する愛着が感じられた。カメラマンとして日々、吉原の今に接している分、吉原やここで働く女性たちの変化を敏感に感じ取っているのかもしれない。

本書では酒井さんには取材候補の絞り込みや、そのセッティング、さらには写真の撮影などで言葉に言い表せないほどお世話になった。酒井さんが忙しい時間を割いて協力してくださったのは、インタビューで語ったように、往時の輝きを失いつつある吉原をなんとかもう一度盛り上げたいという思いからだ。街が価値観を共有することは難しいかもしれないが、吉原には酒井さんのような人たちがいる。彼らの働きによって、この街が再び活気を取り戻すことを信じたい。

おわりに

本書の取材を続ける中で一番感じたことは、吉原という街での取材の難しさだった。たどれどもたどれどもお話を聞きたい人に行き着かない。東京オリンピックを控えて当局の目を吉原に向けさせたくはないとの判断もあって、ソープランド組合関係の方から本書への協力はできないとの意向も伝え聞いた。それでも話をしていただけそうなオーナーもいらっしゃったのだが、タイミングが悪く直前にある店の摘発と時期が重なり、お会いいただくことはできなかった。

そんな中、本書に登場するカメラマンの酒井よし彦さんには、多くの吉原関係者に取り次いでいただくなど、大変お世話になった。本書が無事に上梓できたのも、酒井さんのおかげだと言っても過言ではない。

本書の取材では大勢の方々からお話を伺った。

みなさんのお話に共通することは、吉原という街をとても愛しておられるということだ。

その一方で「昔はよかった」と懐古的な意見も多く、また未来に向けて悲観的な声が多かったことは寂しく思っている。

ソープランドに関係する方々は、吉原を再び以前のような賑やかな街にしたいと願いながらも、目立つことで当局から規制を受けるのを恐れて、動くに動けないジレンマに苦しんでいた。吉原に住む自治会の方々はそうしたソープランドの窮状を理解した上で、自分たちでなんとか町おこしをしようとしていたのが印象的だった。

本編でも触れたが、吉原は行事が多い街で、そのうちの「俄」と「花魁道中」を取材する機会を得た。「俄」は吉原内の各所で開催される吉原商店会主催のイベントで、もともと「俄」は稲荷祭で街頭の屋台の上で幇間や芸者などが即興で演じた俄芝居に由来する言葉だそうだ。取材当日に千束保健福祉センターで開かれた寄席では、浅草幇間連に「ピンクの電話」の清水よし子さんが加わり、俄芝居を演じていた。また花園公園では狐に関連したグッズが販売され、狐の面をかぶった大人たちが踊りに興じていた。このような催しが吉原の数カ所で開催されていた。

一方、花魁道中は吉原のイベントではあるが、吉原から離れた一葉桜小松橋通りの浅草四丁目付近で開催されている。これは道路を管理する警察当局が「売春が行われている区域のイベントを公共の道路で行うことはまかりならん」との判断を下したためで、苦肉の策として吉原に近い浅草の道路で行われるようになったと聞く。このあたりが今の吉原を取り巻く環境を示していると言える。

本書執筆の過程で痛快な出来事もあった。Twitterで「新刊の吉原本の取材をしている」とアピールしていたら、テレビ番組の関係者の目に留まり出演することになったのだ。BSスカパー！という放送局で千原ジュニアさんがMCを務める『ダラケ！』という番組の、「吉原を知り尽くした男ダラケ」というテーマの回で、本書にも登場したレジェンドカメラマンの樹水駿さん、講習師の愛花さんとご一緒させていただいた。クイズ番組の形式でボクは正答数が一番少なかったのだが、得点配分のマジックで優勝してしまった。何も吉原のことを知らないくせに〝最も吉原を知り尽くした男〟の称号をいただいてしまったことは、十字架を背負ってしまったと思っている。今後はその称号に恥じぬよう勉強していきたいと思っている。

本書の原稿を書き上げた後に、「『ダラケ！』を見ました」と30歳（店年齢）の吉原のソープ嬢「りさ」さんからコンタクトをいただいた。りささんがソープ嬢になったのは、自営業だった彼女の父親が大病で倒れ、彼女が一家の生活費と父親の入院費を稼がねばならなくなったことがきっかけだそうだ。加えて父親が事業のために多額の借金をしていたことが発覚し、その返済も彼女が背負うことになってしまったという。

そこで彼女は風俗の世界に飛び込む一大決心をしたのだが、そもそも風俗に関する知識がないので、どこへ行けばいいのかわからない。そんな中、かつて観た映画『吉原炎上』を思い出し、ネットで「吉原」と検索して、今働いている店を見つけたそうだ。

「父の入院以来、ソープで働くまでの私は本当にお金がなくて、周りの人がやってる当たり前の事ができませんでした。人って切羽詰まるとこんなに辛くなるものかと思いました。たとえば『なんで私は車を持ってないのに、あの人たちは持ってるんだろう』と、人を恨めしい目で見てしまう。心がすり減っていってたんでしょうね。『誰も私と母を助けてくれない』っていう被害者意識で、周りの誰もが敵に見えたんです。

吉原にきて初めてお給料をもらった時、『やっと呼吸ができた』って思いました。一万円札を握った瞬間に、『生きた心地』というものを感じたんです。私は吉原の初日にそれを実感したんですよ。お金で追い詰められて始めた仕事だけど、会った時はニコリともしなかったお客様がお帰りのときには笑顔になったりとか、こんなにも人は変わるのかという感動もありました。とてもやりがいがある仕事だと思います。父が倒れてからの母からはまったく笑顔が消えてしまったので、早く借金を返済して母の笑顔を取り戻したいというのが、今の目標ですね」

ボクはこれまで闇に包まれて堕ちていく風俗嬢を何人も見てきた。だが、その一方でりささんのように、お金を稼ぐことで闇を抜け出す女性がいるのも風俗の世界だ。

吉原をはじめとする風俗街は、とかく負の側面からばかり語られがちだ。しかし、何らかの事情で経済的な困窮状態にある女性たちにとって、吉原は駆け込み寺的な存在であり、窮状から脱することができる可能性のある場所であることに間違いないのだ。

2020年に向けて様々な噂を聞き及んでいる。

ＩＲ（統合型リゾート）推進法案次第では、吉原にカジノを置き、ソープランドを活かそうという動きもあるようだ。今後吉原を取り巻く環境がどのように推移するのか、注視していきたいと思っている。

最後に本書執筆にあたりインタビューに応じていただいた皆様、ご協力いただいた皆様に深く感謝申し上げたい。吉原という街に客足が戻り、再び活況となることを期待したい。

ただ多くの女性たちにとって働きやすい街であって欲しいとも願う。これからの風俗の発展は、風俗嬢と客の双方が安心安全で働ける場所、遊べる場所であることが不可欠であると思うからだ。店、女の子たち、ソープ客、それを取り巻く業者の人々、そして吉原で生きる人々すべてが、幸せで豊かな日々を過ごせるよう祈っている。

吉岡優一郎

著者紹介
吉岡優一郎（よしおか・ゆういちろう）
1964 年 2 月 23 日生まれ。東大阪市出身、岡山県井原市在住。神奈川歯科大学中退。 広告代理店『全国風俗リンクセンター』を運営。ネットラジオ局『レディオ与一』『淫らなラジオ 淫らじ』の 2 局で局長を務め、それぞれ『ソサエティサイエンスジャーナル』『フーゾクリンクラジオ』のパーソナリティを務める。雑誌『俺の旅』（ミリオン出版）、ウェブサイト『Fenixzine』『みっけStory』『よるともネット』『ナイト情報』などに記事を執筆。著書に『風俗嬢のホンネ』『もっと風俗嬢のホンネ』『風俗嬢たちのリアル』『ベテラン風俗ライターが明かすフーゾク業界のぶっちゃけ話』『10 人のワケありな風俗嬢たち』（いずれも彩図社）がある。男女問わず幅広い読者層からの支持を受けている。

著者近影
（撮影：平岡尚子）

吉原《よしわら》で生《い》きる

平成 29 年 10 月 25 日　第 1 刷
平成 29 年 11 月 9 日　第 3 刷

著　者　吉岡優一郎

発行人　山田有司

発行所　株式会社　彩図社
東京都豊島区南大塚 3-24-4
ＭＴビル　〒 170-0005
TEL：03-5985-8213　FAX：03-5985-8224

印刷所　シナノ印刷株式会社

URL http://www.saiz.co.jp Twitter https://twitter.com/saiz_sha

© 2017.Yuichiro Yoshioka Printed in Japan.
ISBN978-4-8013-0259-4 C0036
落丁・乱丁本は小社宛にお送りください。送料小社負担にて、お取り替えいたします。
定価はカバーに表示してあります。
本書の無断複写は著作権上での例外を除き、禁じられています。